学級経営サポートBOOKS

保護者・子どもの心に響かせる！ 声に出して読みたい

学級通信の「いいお話」

GOOD STORY OF THE CLASS COMMUNICATION

土作 彰 著
AKIRA TSUCHISAKU

明治図書

はじめに

　学級通信，出していますか？　毎日欠かさずに発行し，年間に300号を超えるという先生もおられる一方，最初は張り切って出すものの，忙しさのため段々出せなくなってしまった……という先生もおられるでしょう。
　学級通信は公文書ではないため，法的に出す必要はどこにもありません。けれど，うまく用いれば学級通信は学級経営上のとても有効な「武器」となり得ます！学級通信には次のような3つの効能があります。

学級通信の効能1　保護者との信頼関係が構築できる
　学級通信を出すことで，保護者が「先生！協力するわ！」と言ってくれるような信頼関係を構築することができます。指導の前後に学級通信で指導内容や意義を伝えることで，多くの保護者は学級での担任教師の指導を知ることができます。特に，高学年にもなると多くの子どもは学校での出来事を家で話さなくなります。ですから多くの保護者から「学級通信があるので，日々の子どもの様子が分かって助かります。」と好評を頂けるのです。また，細やかな連絡は，「わが子のために労力を惜しまない先生」という印象を保護者に与えます。
　また，年間を通じて出し続けることによって，学級懇談会の雰囲気が和やかになります。学級通信で知らせたことが話題にあがることもあります。ぜひ，やってみてください。学級通信を出さずにきたクラスの懇談会で出会う保護者の表情と毎日のように学級通信を出してきたクラスの保護者の表情は大きく異なります！　考えてみれば当たり前かもしれませんが……毎日学級通信という「メール」をやりとりしていた相手と，年間に数回しかつながりがない相手との違いです。
　つながりができれば，保護者の協力も得やすくなります。お願いごとを聞き入れてもらえやすくなるのです。

学級通信の効能2　子どものモチベーションが上がる

　学級通信を配布するだけではダメです。子どもにしっかり読み聞かせます。そしてもし文面でほめた子どもたちがいるのなら，そこで話を止めて「この素晴らしい行いをしたのは誰か分かる？」と聞いてみるのです。

　また，一通り読み聞かせた後で「今日の学級通信から何か思った人はいますか？」と聞いてみるのもいいでしょう。書いてあった教師の意図が伝わります。

　私は，朝の会，学級活動，道徳，帰りの会に至るまで，あらゆる場面で子どもの心に響くお話を学級通信に掲載するようにしています。本書でもそんなお話を掲載しています。子どもの心に響くお話，子どもたちの成長した姿を書くことで，子どもたち自身に成長を気づかせ，フィードバックすることができます。学級通信で伝えることで，子どもは家庭で保護者にも褒められるでしょう。子どものモチベーションをあげるこんないい手はありません。

学級通信の効能3　教師自身が学びの振り返りができる

　教職人生は長いものです。大学を出て教職に就き，60歳定年まで勤めるとするなら，教職30年を超えることになります。その間，教師としての力量を高めていくのなら，自分の力の伸びを意識していることはとても重要な要素となります。「伸び」は当然少なくとも2つの時期を比較した時に実感できます。そのために便利なのが学級通信なのです。

　私も新卒時代の学級通信を残していますが，まあ，なんと未熟なことをしていたのかと赤面の至りです。（でも若いなりにがむしゃらに頑張っていた自身が可愛くもあります。）

　同様に，授業における子どもたちとの関わりや教師自身の考えも残しておくとよいでしょう。これは数年後に必ず自分の立ち位置を確認するための指標となります。自分自身の力量形成のために学級通信を書きましょう。教師もまた子どもたちと同様に成長します。学級通信はその「証拠」になります。

　実は今の自分にとって，この「効能」が学級通信を出す一番大きな理由な

のだと感じています。

　本書では,「学級の土台をつくる」は主に学級開きから1学期の間,学級の土台を築く時期におすすめのお話を掲載しました。「子どもの成長を促す」では学級が充実してくる2学期の頃を想定しています。そして「子どもたちをさらに高めまとめる」はクラスづくりの最終段階3学期です。時系列に沿ってタイムリーな学級通信ネタを紹介していますが,その時期に限らず用いていただくこともできます。学級通信にどんなお話をのせていったらよいか悩まれる先生のご参考にしていただけたらと思います。

　4月から3月まで,子どもたちはこんな風に成長していく……と子ども像をイメージしながら学級通信にまとめました。実際のクラスの子どもたちの様子を観察しながらどうぞご活用ください。

　また,それぞれのお話は子どもたちの心に響く内容を精選しました。朝の会,学級活動,道徳,帰りの会に至るまで,あらゆる場面で子どもたちの耳に入れていただけたら幸いです。

平成29年7月10日

著者　土作　彰

目　次

はじめに　3

学級の土台をつくる

1 出会いの日にも子どもたちのよさを輝かせる
「どうぞ」と「ありがとう」……………………………12

2 新学期，教室環境を整える
物がそろうから心がそろう……………………………14

3 授業開きで学びあう意義を確認する
教室とは奇跡を起こす場所だ…………………………16

4 授業開きで聴く態度を身につける
話は耳だけで聴くのではない…………………………18

5 教えあう素晴らしさを教える
友達がいるから賢くなれる……………………………20

6 保護者に国語を学ぶ意味を伝える
自分の心を伝える力をつける〜国語授業編〜………22

7 保護者に算数を学ぶ意味を伝える
人類最先端の英知を学ぶ〜算数授業編〜……………24

8 保護者に社会を学ぶ意味を伝える
これから生きていく世界を学ぶ〜社会授業編〜……26

9 保護者に理科を学ぶ意味を伝える
怪しい話にだまされない力を身につける〜理科授業編〜…28

10 子どもたちの言葉遣いを注意する
言葉は人の人生を変える………………………………30

11 自ら進んで仕事を見つけるよう促す
ルールは必要。でももっと必要なものは？…………32

12	ほめて成長を促す **2か月でこんなに成長しました！** ……………………… 34
13	友達関係のトラブルを鎮める **三角関係は将来の「恋愛」お稽古？** ………………… 36
14	「気づき力」を高める **落ちているゴミに気づかない人間に 人を幸せにすることはできない** ……………… 38
15	時間を守る態度を養う **時間を大切にすることは命を大切にすること** ………… 40
16	規則正しい生活の大切さを指導する〜連休前に〜 **生活習慣が人生を決める** ………………………… 42
17	感謝の気持ちを育てる **大事なものは見えない** …………………………… 44
18	感謝の気持ちを育てる **「ありがとう」の意味とは？** …………………… 46
19	積極的に掃除をする意欲を育てる **掃除で磨くのは自分の心** ………………………… 48
20	自ら進んで行動する態度を養う **チームになろう** …………………………………… 50
21	保護者への感謝の気持ちを育てる〜母の日を前に〜 **世界一過酷な職業とは？** ………………………… 52
22	話を聞く態度を養う **友達を大切にする3つの「く」** ………………… 54
23	他の人のために行動する力を育む **気づき，考え，そして行動できる人が「賢い」** …… 56
24	辞書を引く習慣を身につけさせる **辞書を引くと人に優しくなれる** ……………… 58

25 失敗にへこたれない「強さ」を身につけさせる
自分にダメ出しできる人は伸びる……………………60

26 進んで後片づけできる行動力をつける
体育館を使った後，何をすべきか？
～気づき力があるか？～………………………………62

27 夢や希望をもたせる
流れ星に願いを…………………………………………64

28 学習へのモチベーションを高める
勉強するのは人を幸せにするため……………………66

29 夏休み前に生活指導する
人生は生活習慣の連続体………………………………68

子どもの成長を促す

30 運動会の練習に励ませる
準備とは言い訳をしないこと…………………………70

31 ほめてクラスに覇気を取り戻す～夏休み明け～
夏休みでもボケていない子どもたちの素敵な姿……72

32 運動会や学習発表会など行事に向けて努力する
長期間積み重ねてきた努力は一瞬のうちに結実する……74

33 子どもたちの偏見をなくす
バナナは黄色いか？……………………………………76

34 いじめをなくす
いじめに負けるな，まずは自分が強くなれ！………78

35 いじめをなくす
全力投球するクラスにいじめは起きにくい…………80

36 いじめをなくす
一番最初に動く勇気をもて！…………………………82

37	いじめをなくす 学校へは成長するために来る … 84
38	感謝の気持ちを育てる あなたには何が見えるか？ … 86
39	宿題をいいかげんにさせない 宿題から見える様々な力 … 88
40	他人への気遣いを教える 忙しい時にこそ人間の心は行動に表れる … 90
41	見返りを求めぬ態度を養う 「してあげる」のではなく「いただく」のだ … 92
42	運動会に向けて士気を高める 奇跡などない，あるのは必然だけ … 94
43	学習を振り返り自信を築く 運動会を終えて身についた力は？ … 96
44	感謝の気持ちを養う〜お家の人へ〜 お弁当の日に思ってほしいこと … 98
45	友達の発言に耳を傾けさせる 自分が発言しない時は聞いて賢くなる時 … 100
46	ルールを守る大切さを説く 規律を守るチームは強くなる … 102
47	コミュニケーションの大切さを伝える 仲間の絆とリーダーシップは命を救う … 104
48	学習へのモチベーションを高める 心が変われば，勉強は楽しい … 106
49	困難を克服する快感を教える しんどい時こそ力は伸びる … 108

50 好きな者同士のグループ分けをやめる
学校は「公的な場所」，勝手は許されない……………110

51 スピーチのレベルアップをねらう
言葉だけでは相手に気持ちは伝わらない……………112

52 修学旅行への心構えをつくる
修学旅行の「修学」とは？……………114

53 楽しみを学びに変える〜修学旅行〜
修学旅行の終わりがスタート……………116

54 叱られるありがたさを教える
叱られるのは愛されている証拠……………118

55 トラブルを感謝に変える
「当たり前」のありがたさに感謝する……………120

56 手抜きをたしなめる
細かいところにこそ私たちの力が表れる……………122

57 自分を律することを学ばせる〜専科の授業トラブル〜
悪い習慣こそ断ち切ろう……………124

58 悪口の蔓延を止める
自信がないから悪口を言うのだ……………126

59 宿題をいいかげんにさせない
プラスαの努力を習慣化する……………128

子どもたちをさらに高めまとめる

60 受験勉強以外も蔑ろにさせない
技だけでなく心も磨く……………130

61 ほめて学校生活を軌道に乗せる
みんなのために動ける力がある！……………132

62 ゲストティーチャーに感謝する
こうあるべき自分をイメージする……134

63 「気づき力」を高める
おもてなしに感謝する……136

64 学習へのモチベーションを高める
勉強は苦痛か？……138

65 メディアの見方を育てる
プライバシーは人に見せない……140

66 命の大切さを教える
真剣に「死」について話そう……142

67 メディアの見方を育てる
一部の情報だけを信じるのは危険……144

68 学習へのモチベーションを高める
勉強するのは相手の気持ちを理解し行動するため……146

69 子どもの心を鼓舞する
人は限界を作る生き物……148

70 恋愛のそわそわを鎮める〜バレンタイン直前〜
人を好きになるということは相手を大切にしたいと願うこと……150

71 喧嘩を見守る
自分たちで仲直りができるのは素敵……152

72 命の大切さを教える
何があっても死ぬな！……154

73 下学年のお世話から学ばせる
「やりがい」をいただく……156

74 学級の解散を告げる
きみたちは成長した！……158

学級の土台をつくる

出会いの日にも子どもたちのよさを輝かせる

😖 こんな時に……

　新学期，何かと忙しくてなかなか子どもたちの様子にまで気が回らないものです。しかし，子どもたちとの出会いの時こそ，教師のもつ思想や哲学が伝わりやすいチャンスでもあるのです。ほとんどの子どもたちは教師の一挙手一投足に注目しています。「こんな時でも先生は私たちのことを見ていてくれるんだ」というメッセージを送りましょう。

♥ 子どもへの指導の意図

　どんな教師でも自分の学級を思いやりや感謝で溢れた温かい雰囲気にしたいと考えていることでしょう。しかし，いくら考えていても何も行動しなければ子どもたちの実態は変わりません。そこで出会いの初日から子どもたちの素敵な言動に注目して，通信にするのです。子どもたちに読んで聞かせて「素晴らしさの可視化」を図り，保護者にも子どもたちの素敵な姿を伝えましょう。なお，「どうぞ」，「ありがとう」の実践は有田和正氏から学んだものです。

◆ 保護者に伝えたいポイント

　厳しく指導していくこともももちろん大切ですが，出会いのこの時期は「今年の先生は子どもたちのそんな些細な良いところを見ていてくれるんだ」と思ってもらうことが大切です。一通り全ての子どもたちをほめ，授業参観や家庭訪問などを終えて保護者と信頼関係を築いてから，「育てる」厳しい指導に移行していくのがよいでしょう。「黄金の３日間」というのは，実は子どもたちだけに対してだけではなく，保護者に対してもまた当てはまる考え方なのだと思います。

「どうぞ」と「ありがとう」

○年△組
学級だより
□月☆日発行

◆6日は始業式でした。教室に戻って帰りまでに時間は20分ほどしかありません。「これはなかなか忙しいな。配り物もあるのに。急がないと！」そう焦り気味で始業式が行われた体育館からの退場のタイミングを待っていました。そのしばらくの間にたくさんの4－1の子どもたちが明るく声を掛けてくれました。「先生，宿題多いの？」「お兄ちゃん知ってる？」不安があるだろうに，でも期待をこめて目を輝かして話しかけてくれる子どもたちの表情に，私の心はとっても癒されました。

◆「ここは一つ子どもたちに助けてもらおう」そう思い，何人かの子に「教室に帰る前に職員室に来てくれる？今日配るプリントとかを持っていってほしいんだ。」と聞くと「行く！行く！」と男女あわせて10名くらいの子どもたちが職員室に来てくれました。

◆教室に帰ると「先生，配ります！」と早速友達に配ろうとしてくれていました。「ありがとう！頼むわ。でもその前に少しお話を聞いてください。」そう言って私は次のことを話しました。

> 物を渡す時は「どうぞ」，受け取る時は「ありがとう」とひと言添えてみましょう。「どうぞ」は思いやり，「ありがとう」は感謝の言葉だからです。

◆そう言ってから何人かの子に配り物を頼みました。みんな素直に「どうぞ」，「ありがとう」と言葉を交わしています。見ているととっても優しい気持ちになってきました。私たちはプリントだけでなく色んな物の受け渡しを1日の生活の中で何回と行います。1年間なら何千回という数になるでしょう。毎日毎日，「思いやり」と「感謝」の言葉が溢れる教室になるといいですね。きっとたくさんの友達の心が安らぐ場になることでしょう。

学級の土台をつくる

学級の土台をつくる

新学期，教室環境を整える

😵 こんな時に……

　新学期，教室が決まりいよいよ新しい学級がスタートします。とりあえず自己紹介などを終えてみても，次に何から手をつけていいか分からず，まさしく目の回るような忙しさの中で時間が過ぎ去っていきますが，まずは生活の場を整えることが大切です。

♥ 子どもへの指導の意図

　新しい教室で机も変わればロッカーも変わり，なかなか落ち着けない時期です。それゆえ子どもたちの行動も落ち着かないことになりがちです。こんな時はまずは自分の机周辺，そしてロッカーなどの整理整頓をきっちりさせる必要があります。今はパワースポットなどが有名ですが，おそらくその多くが綺麗に整備された落ち着ける場所であるはずです。子どもたちに心を落ち着けるのに有効な方法として整理整頓を指導しましょう。

◆ 保護者に伝えたいポイント

　基本的生活習慣は学校での指導だけでは確立できません。このような指導を通信で伝えることで，家庭での整理整頓の必要性を伝えることができればと思います。懇談会などでもこの通信をもとに，自分の部屋の整理整頓はもちろんのこと，家の中でも掃除を子どもの仕事とするなどの啓蒙ができるといいですね。

　また，「周りを見渡して何ができるか考える」思考力と行動力をともに養うチャンスだという捉え方も大切です。そこで努力したのなら多少失敗したとしても，その「心意気」を大いにほめてあげたいものです。

物がそろうから心がそろう

○年△組 学級だより
□月☆日発行

◆7日は入学式でした。6年生は朝から会場の準備や清掃で忙しいので，昨日に引き続きあまり多くの指示は出せませんでした。そこで教室の黒板には次のように書いておきました。

周りを見渡して何ができるか考えて行動する

◆「この子たちならきっと何かやってくれるだろう」と期待を込めて書いてみたのです。教室に行くと，提出物が4種類，きちんとそろえて積んでありました。きっと誰かが綺麗にそろえてくれたのでしょう。私はこのことを大いにほめた上で次のように黒板に書きました。

物心相即

◆「物と心は繋がって影響しあっている」という意味です。つまり身の回りの物をそろえると，心もきちっとそろうということです。逆に整理整頓をせずに周囲を乱雑にしていると，心まで乱れるという意味です。怪我や喧嘩が起こることもあるでしょう。「気がついたら自分の物だけでなく，人の物もそろえてあげましょう。自分の心だけでなく，他の人の心もそろうことでしょう。」トイレのスリッパなどもそうですね。

◆「物が乱雑になっているなあ。そろえておこう」と考え，行動するには日頃から「乱雑さ」に気づく心が必要になってきます。人の欠点をあげつらうという意味ではありません。何かいつもと違う違和感を感じ取れるセンスといってもいいでしょう。例えば床に落ちている小さなゴミに気づくか？干してある雑巾の乱れに気づくか？いずれも些細なことですが，その存在に気づくには鋭い感性が求められます。「目に見えるものに気づかない人に，悲しく寂しい思いをしている友達の心に気づけるはずがありません。些細な乱れに気づき，直す行動力をもてば，あなたの大切な人を幸せにすることができるようになるはずです。」そう話しました。

学級の土台をつくる

学級の土台をつくる

授業開きで学びあう意義を確認する

😖 こんな時に……

いよいよ授業開きです。楽しい授業をガンガン連発して楽しさの先入観を植え付けることも大切ですが，これから1年間，友達と学びあう意義とその素晴らしさについても教えましょう。これを年度初めに押さえておくと，その1年間の授業のいたるところで「学びあう意義」を確認することができます。

♥ 子どもへの指導の意図

子どもたちは年間1000時間もの授業を受けます。しかし，これだけの時間数の授業を漫然と受けているだけでは，子どもたちのモチベーションは上がりません。一人引きこもって勉強していることの限界と，友達と学びあうことの素晴らしさを，あるワークを用いて体感してもらいます。友達と学びあうからこそ「奇跡」が起こる。教室とはそのように奇跡を次々と作り出す場であるのです。そのような素晴らしい体験を共有する仲間だからこそ，大切にしなければならないという考えにも到達できるでしょう。

◆ 保護者に伝えたいポイント

わが子一人だけの成長を願うのなら，家庭教師をつければいいだけのことです。それだけでも確かに成績は上がるでしょう。しかし，学校ではただ単に成績を上げることだけが目的ではないはずです。人間として仲間とよきコミュニケーションを図り，友達の偉大さを知り，将来役立つ幅広い学力を身につけていくのです。わが子が友達の中で日々成長していくことの素晴らしさを保護者にはぜひ，伝えたいものです。

教室とは奇跡を起こす場所だ	○年△組 学級だより □月☆日発行

◆「奇跡」とは「常識では考えられない，起こりえない不思議な現象」のことです。子どもたちに次のような「宿題」を出しました。「この封筒の中にはある数字が書かれた紙が入っています。その数字はいくつか，家に帰ってゆっくり考えてきてください。すると，次のような質問が出されました。「何桁の数字ですか？」→（私）「数字は無限にあります！」

◆子どもたちからため息が漏れ「そりゃ無理だよ」という空気が漂います（笑）。ここで次のように言います。「この宿題は不可能だよね？でもそれがあっという間に可能になるのです。さあ，みんなで奇跡を起こしましょう！」そういって一人の子を指名し「いくらだと思う？」と尋ねました。すると「70！」と答えてくれましたので「ああっ。もっと上だなあ。はいいくら？」という感じに次々指名していきました。「80」「150」「200」などという答えが出てきます。そのたびに「ああ，もっと大きいなあ。」とか「行きすぎた！もっと下！」と言っていきます。すると2分ほどで遂に「246」という正解に行き着きました。教室中拍手です！さて大切なのはここからです。

◆「なぜみんなが『不可能だ』と思った宿題の答えがわずか2分くらいで分かったのでしょうか？」

①意見を出しあった。②友達の意見を聞いた。③先生のヒントを聞いた。

　「そうですね。でももう一つ大切なことがあります。それはね……。」と言って4つ目の答えを紹介しました。

④勇気をもって間違えた。

　この①～④があれば「不可能も可能になる，つまり，奇跡が起こるのですね。そして奇跡を起こすのが毎日の『授業』なのです。授業とはみんなで奇跡を生み出すことに他ならないのです。」「奇跡を生み出す友達を大切にしましょう。」そう言って授業を終えました。

学級の土台をつくる

4 学級の土台をつくる
授業開きで聴く態度を身につける

😖 こんな時に……
　これも年度初めの授業開きの頃に話すといいでしょう。授業中をはじめどんな時も，人の発言をしっかり聞くことを指導しましょう。

♥ 子どもへの指導の意図
　「しっかり人の話を聞く」このことを否定する人はいないでしょう。しかし，この「しっかり」のイメージが教師によってはバラバラなのです。研究授業を参観しても，人の話を聞く時の姿勢がまるでなってない光景をよく目にします。それでも「良い授業だった」などと評価されることが多いものです。話す人はどう聞かれたら「自分のことは大切にされている」と感じるでしょうか？そのようなことをまずはきっちり指導し，年間を通じて徹底していくのです。友達を大切にする学級というのはそのようにしてはじめて作ることができるのです。

◆ 保護者に伝えたいポイント
　家庭においても，日々親子の間で言葉以外のメッセージをお互いにやりとりしているはずです。そんな中で，意識しない間に自分の態度でプラス，マイナスのメッセージを相手に送り続けていることに気づいてほしいと思っています。親であっても教師であっても，真剣に相手と向きあう時はそれなりの，好意を示す時も，怒りが押さえられない時にもそれなりの伝え方があります。この通信で伝える態度は中学へ進学してからも，社会に出てからもきっと役に立つはずです。

話は耳だけで聴くのではない

○年△組 学級だより
□月☆日発行

◆（諸説あるのですが）「聴く」の「聴」という字を分解すると次のようになります。

耳＋目＋心

つまりただ単に聞こえてくる音声を耳で聞いているだけでは「聴く」にはならないということです。目と心を使って相手の言うことをきくのでなければ「聴く」ことにはならないということです。

◆人の話を手遊びをしたり，よそ見をしたりしてきく人がいます。しかし，それは「聴く」ということにはなりません。音声が単に「聞こえている」に過ぎないのです。今まさに話をしている相手を大事にしながらきくのです。そこで子どもたちには「3つの『く』」の話をしました。

向く
書く
頷く

◆話をしている人の方を向き，必要に応じてきき取った内容をメモし，頷くなどの反応をしながらきくのです。授業中に自分以外の人が話をすることは何百回とあるでしょう。その度に「3つの『く』」を意識するのです。それが相手を大事にするということなのです。

◆「手遊び」「よそ見」は「あなたの話していることには興味はない」というメッセージを相手に送っているのです。相手に自分の考えや思いを伝えるのは「言葉」だけではないのです。意識せずに不快なメッセージを送ってしまっているかもしれないという警戒が必要です。人は一人では生きていけません。よりよいコミュニケーションの方法を，学校はもちろんあらゆる場所で身につけなければならないのです。

学級の土台をつくる

5 学級の土台をつくる
教えあう素晴らしさを教える

😵 こんな時に……
授業中に子どもたち全員が知識を共有し，授業の土台に全員を乗せたい時に有効です。特に「知っていれば勝ちの」知識なら，授業中にお互いに教えあえばあっという間に共有できることを指導しましょう。それが友達への目配り，思いやりに繋がっていくのです。

❤ 子どもへの指導の意図
一部の活発な子だけが活躍していて，その他の子は上の空……。そんな授業になっていませんか？多くの子どもたちが学びあうことの凄さを知らないからです。地図帳などの身近な教材を用いて簡単な「教えあい」の場を設けましょう。授業の導入段階などで全員が共通の知識をもっていなければならない時に使える話です。年間を通じて何度も指導していきましょう。これを繰り返すことで，子どもたちには自然に目配りや気配りする態度が身につき始めます。それは友達の大切さを体感していくことでもあるのです。

♦ 保護者に伝えたいポイント
授業参観などで保護者は自分の子どもの様子をじっと観察しています。その時，わが子一人の動きだけでなく，友達とどのように関わっているかも関心事の一つです。このようにお互いを大切にしあう様子は多くの保護者に安心感を与えます。わが子が誰かを助けている，逆に助けられている。そのようなクラスで日々生活できていることに満足された時，担任との信頼関係も確固たるものになっていくのです。

友達がいるから賢くなれる	○年△組 学級だより □月☆日発行

◆小学校の教室でクラスメイト全員が一緒に勉強する意義はいったいどこにあるのでしょうか？これを子どもたちに伝えたいです。

◆小学校では実に様々な教科があります。国語，算数，理科，社会，英語，習字，体育……。1年間で実に1000時間もの授業です。これらの授業でいったいどのようなスタイルの授業をすれば，どんな力が子どもたちにつくのでしょうか？

◆1000時間もの授業がありますが，大きく授業形態は次の2種類にまとめることができます。

　　　　　　①知識獲得・拡散型　②思考共有・問題解決型

◆今回は①について紹介します。具体的には14日の社会の授業の一コマです。社会の授業の最初に地図トレーニングを数分行います。毎回社会の時間に地図帳に触れて地理的感覚を身につけることが目的です。私は次のように言います。

　「全員起立。地図帳の○○ページを開いてください。そのページから『スリランカ』を探したら座ります。」と指示します。これを放っておくと見つけた数人が座り，見つけられない子はそのまま探しながら突っ立っていることになります。こんな状況を教室で作り出してはなりません。すぐに次のように声掛けします。「おーい，見つけた子！周りを見渡してごらん。見つけられない子がたくさんいるよ！自分だけ見つけたら終わりですか？」「おーい，見つけられない子！そのままずっと突っ立てるの？見つけた子が何人かいるよ。自分から動いて教えてもらいなさい。そうすれば早く知識を増やせるでしょ。」こう言うと子どもたちの動きは大きく変わります。教室中を動き回って教えあう風景が出現します。知識を獲得するだけなら，クラス全員で協力しあった方が早くて効率がいいのです。これがクラスで一緒に勉強する意義の一つだと考えています。

学級の土台をつくる

学級の土台をつくる

保護者に国語を学ぶ意味を伝える

こんな時に……

始業式からドタバタした時期が続きますが、いよいよ授業開きを経て、本格的な授業が始まります。まずは面白い授業で子どもたちの知的好奇心を喚起しましょう。そのネタを紹介しつつ、保護者にも授業内容を伝えていきましょう。その際に国語の授業の意味を伝えます。

子どもへの指導の意図

教師は日々の授業を行う中で子どもたちと信頼関係を構築していきます。その授業はまずは「面白い」授業から入り、次に「分かる」授業へ、そして最後は「できる」ことが実感できる授業へと進めていきます。もちろんそのそれぞれの段階で授業は異なります。まずは「面白い」授業を子どもたちにぶつけていきましょう。それが教師の知的権威の礎となります。また国語の授業は将来相手に対して自分の心をうまく伝えるものだということを伝えます。

保護者に伝えたいポイント

保護者は授業参観以外に子どもたちの授業の様子を知る機会はほとんどありません。ですから通信で折に触れて授業の概略を伝えると喜んでもらえます。かつては「授業通信」という形で緻密な授業記録を書いたこともありますが、無理しないでできる範囲で伝えていくとよいでしょう。まずは子どもたちが本気になる「面白い」授業の紹介です。後に懇談会などでも「先生の授業は面白いですね！」と言ってもらうことが多いはずです。保護者とも信頼関係が構築できる面白授業をまずは伝えます。けれど、毎日行う国語の授業は、実は、将来出会ういろんな人たちに自分の心の中をうまく伝えるためにあるのだということも話しておきたいものです。

自分の心を伝える力をつける
～国語授業編～

○年△組
学級だより
□月☆日発行

◆普段の国語の授業は次のようなパーツを組み合わせて行っています。

①暗唱

　日本を代表する文学の出だしを選んで暗唱しています。今は夏目漱石，芥川龍之介，川端康成に取り組んでいます。日本初のノーベル文学賞の出だしくらいは覚えておきたいものです。この時期に暗記した内容は一生モノです。今後は漢文や英文にもチャレンジしていく予定です。

②漢字ドリル音読

　漢字ドリルにある例文を何回も音読します。正しい文法の文を何度も読むことで言語感覚が身についていきます。文字というのは記号です。この記号を視覚でとらえて即座に音声に直すというのは人間にしかできない高等能力だと言われています。使えば研ぎ澄まされますが，使わないと錆びていきます。毎日使い続けることが大切です。

③漢字ドリル部首なぞり

　小学校で学習する漢字の部首は全て言える，書けるようにしたいと思っています。偏（へん）旁（つくり）冠（かんむり）脚（あし）などにチャレンジしていきます。

④教科書内容の学習

　今は『イースター島にはなぜ森林がないのか』を学習しています。説明文教材としてはなかなか長い部類に入ります。ここでは主に文章の構成を掴む練習をします。「はじめ」「なか」「おわり」の構成の他，「問いかけの文」「答えの文」の対応などを扱います。

　こうして楽しく確実に国語の力を身につけていきますが，それは将来出会うであろう色んな人たちに自分の思いや考えを的確に伝える力を身につけるためです。１時間１時間を大切にしていきましょう。

学級の土台をつくる

学級の土台をつくる

保護者に算数を学ぶ意味を伝える

😵 こんな時に……

　算数は子どもたちの好き嫌いがはっきりする教科です。不安を抱えて授業に臨む子どもたちも少なくないでしょう。それはまた保護者も不安だということです。4月の早い時期に通信で学習内容を伝えていきましょう。

　特に算数嫌いの増えるこの時期に「算数とはこんなにすごくて面白いんだよ。」という「先入観」を与えることが大切です。

♥ 子どもへの指導の意図

　もうすでに算数嫌いの子どももかなりの数いるはずです。そんな状況でまず子どもたちに伝えるべきは算数の面白さや凄さです。今回紹介する授業ではかけ算の面白さ，数字の便利さ，凄さを学び取ることができます。新学期最初の算数の時間におすすめです。

◆ 保護者に伝えたいポイント

　保護者にとって，わが子の算数の成績や授業に対する意欲は大きな関心事であるはずです。早くも算数嫌いの気配がうかがえる子の親にしてみればなおさらです。そこで，最初の算数の授業では算数の面白さや凄さを伝える授業をしたいものです。今回紹介するのは，誰もが知っているようで実はほとんど知らないというとっておきの授業ネタです。今年一年間算数の授業を進めていく上でのモチベーションにしてもらえるはずです。

人類最先端の英知を学ぶ
～算数授業編～

○年△組
学級だより
□月☆日発行

◆子どもたちに「なぜ掛け算の記号は『×』か？」と聞きました。

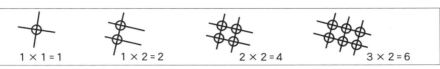

◆かけられる数の線とかける数の線とを交差させた時の交点の数が「積」となるのです。子どもたちは「へえっ」という顔をしています。そこで次の問題です。12×23＝276ですが，果たして276個も交点はできるのでしょうか？

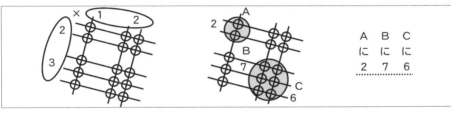

◆子どもたちからは「おおっ！そうか！」という声が聞こえました。掛け算の筆算を図式化するとこのようになるのです。次に99×99でやってみます。繰り上がりが出てきますが答えは見事に「9801」となります。子どもたちは拍手喝采です！

◆ここで子どもたちに問います。「99×99の計算は図をかいて求めるのと，数字を使って求めるのとではどちらの方が早くて便利ですか？」子どもたち全員が「数字だ」と言います。私は続けてこう言いました。「計算をいちいち図を使ってやってると時間がかかりますが，数字という記号があればあっという間に答えを求めることができます。人類は数字という記号を発明し，それを使いこなすことでコンピューターや乗り物など多くの現代的な発明を可能にしてきたのです。みなさんが使う数字というのはこのように人類の英知が詰まったすごい記号なのですよ！1年間がんばって勉強して賢くなろうね。」子どもたちは明るくうなずいてくれました。

8 学級の土台をつくる
保護者に社会を学ぶ意味を伝える

😣 こんな時に……

　算数などにくらべて社会科の授業の内容とはなかなか伝えにくいものです。扱う内容が学年によって大きく違い，系統性が算数などよりも分かりにくいからなのかもしれません。特に子どもたちがこれから生きていく日本社会はもちろん，世界というステージにおいて正しい判断ができるために必要な力を身につける時間であることを伝えましょう。

♥ 子どもへの指導の意図

　ここで紹介する学習内容は，将来どこかで役に立つとは確約できませんが，知っていると「へえっ！そんなこと知っているのですか！」と言ってもらえる可能性が高いものです。いわば教養ですね。社会科はそのような教養を教えるのに適した教科だといえるでしょう。国の産業や歴史ももちろん大切な学習内容ですが，都道府県名やアメリカの州の名前などは将来覚えていて損にはなりませんし，まず覚えるのが楽しいものです。そしてひいては将来において正しい判断をする時に大切な情報となることも伝えましょう。

◆ 保護者に伝えたいポイント

　学習内容が分かりにくい社会科の授業も，実はとても魅力的なものであり，知的好奇心を喚起するものであることを伝えていきましょう。わが子に教養をつけてもらえることを否定する親などいるはずがありません。また将来大人になって生きていく上で正しい判断をする際に必要な勉強であることも伝えましょう。「先生，さすがやなあ！」と思ってもらえるチャンスです！

これから生きていく世界を学ぶ 〜社会授業編〜	○年△組 学級だより □月☆日発行

◆6年生は歴史の内容からスタートです。3学期にはいわゆる公民の内容になります。何せ人類3000年あまりの歴史を80時間程度で学習するのです。1時間で40年分ですから，かなりのハイスピードですね。

◆授業はおおむね次のような流れで行っています。

①社会常識暗唱

世界一高い山はエベレスト。では第2位は？

日本一長い川は信濃川。では第2位は？

この程度の常識は身につけておきたいものです。

②国旗フラッシュカード

世界196カ国の国旗を覚えます。世界で一番新しい国は今年の5月に承認されたニウエという国ですが，南スーダンも含めてこの国旗は現在作成中です。（※学級通信作成当時）

③歴史人物フラッシュカード

教科書に出てくる45人の歴史上の人物を覚えます。時々「お楽しみ」の人物が登場します。

④地図トレーニング

歴史学習に地図は不可欠です。日本や世界の国や都市を制限時間内に探すトレーニングを行います。最後は47都道府県暗唱を行いますが，その後はアメリカ50州の暗唱に取り組みます。

⑤教科書の内容

まずは自力で読みます。その後，読み取った内容をペアや班で確認します。その後全員で情報を共有します。

◆これらの基本的な情報は「一生もの」ともいえるものばかりです。覚えてしまいましょう。きっと将来生きていく社会において正しい判断をする時に役立つはずです。1年間しっかり勉強していきましょう。

学級の土台をつくる

9 学級の土台をつくる
保護者に理科を学ぶ意味を伝える

😖 こんな時に……

　理科もまた好き嫌いと得意苦手がはっきり分かれる教科です。理科ではぶっちゃけ「良い点数の取り方」を指導します。実は「理科は苦手」だと思っている子どもたちの多くは，漫然と行われる実験や観察のどこがテストで評価されるか分かっていないものです。このようなことを指導することが子どもたちの意欲喚起につながるのです。また疑似科学や迷信など世の中には人を惑わす怪しい話があふれています。それらに出会った時に惑わされないような判断ができる力を身につけるのも理科の時間であることを伝えましょう。

♥ 子どもへの指導の意図

　通信の本文にもあるのですが，理科の教科書は
　　　　　①問題　②実験・観察　③結果　④考察
の4パートから構成されているのです。そして理科のテストではその4つのパートそれぞれでの知識が問われると言ってもよいでしょう。理科嫌いの子を何とかするには，このような指導でテストの点数をよくして「成功体験」をさせることから始めるのもよいでしょう。

◆ 保護者に伝えたいポイント

　「学力を高める」と言った時，多くの保護者は「テストの点数が上がる」ことをイメージすることでしょう。もちろん理科の学力とは，テストの点数だけで全て計測できるわけではありませんが，ホンネで言えば保護者の一番の関心は「テスト」の点数にあることは否定できません。このようなホンネトークは時として危険性を伴うかもしれませんが，信頼関係を構築できた上でならさらなる関係構築に効果的であるはずです。また将来出会うであろう怪しい考え方に出会った時には一旦科学的な思考に立ち戻ることが大切です。これからの人生を生きていく上で理科も不可欠な授業であることを伝えましょう。

怪しい話にだまされない力を身につける～理科授業編～	○年△組 学級だより □月☆日発行

◆今回は理科編です。次のような流れで授業を行っています。

①フラッシュカード

　元素記号を覚えます。これは中学2年生になったら断然役に立つようになります。決して難しいものではないので，すぐに覚えられます。この記号を使うと，光合成や人間の呼吸の仕組みの理解が容易になります。元素記号のポスターが校内のあちこちに掲示されています。理科教育を振興しようという動きなのでしょう。ならばいい機会です。次の基礎的な元素記号を覚えてしまいましょう。

水素	ヘリウム	リチウム	ベリリウム	ホウ素	炭素	窒素	酸素
H	He	Li	Be	B	C	N	O
フッ素	ネオン	ナトリウム	マグネシウム	アルミニウム	ケイ素	リン	
F	Ne	Na	Mg	Al	Si	P	
イオウ	塩素	カルシウム					
S	Cl	Ca					

②教科書内容

　教科書で扱う1つの事象は，次の4つの部分から構成されています。

　　　　①問題　②実験・観察　③結果　④考察

　これで1クールです。次のことを押さえます。

- 問題　何を確かめる実験・観察だったのか？
- 実験・観察　使用する道具，薬品は何か？どう組み立てるのか？
- 結果　何がどうなるのか？
- 考察　問題と対応させて，何が分かったのか？

　このことを意識すると，内容が把握しやすくなります。

◆これからの人生でみなさんは「ん？これ本当？」と思うような怪しい物事に出会うことがあるはずです。そんな時に大切になるのが理科で学ぶ科学の知識です。しっかり1年間学んでいきましょう。

10 学級の土台をつくる
子どもたちの言葉遣いを注意する

😖 こんな時に……

　学級開きから1か月もするとそろそろ子どもたちが本性を見せ始めます。子どもたちは未熟ですから，言葉遣い一つ気をつけられない子がいて当然です。友達に対して，または自分自身に対してもマイナスの言動をとることが多くなっていきます。そこで機先を制してしっかり言葉のもつ影響力の大きさを伝えましょう。

♥ 子どもへの指導の意図

　「人を殺すには刃物はいらぬ」という言葉があります。確かに言葉一つで自殺に追い込まれる人もいるのですね。世の中にはそのようなことも実際にあるのだということをしっかり教えたいものです。逆に言葉一つで人生を救われた人もいることを伝えましょう。子どもたちは良い人間と悪い人間のどちらになりたいかと問えば十中八九「良い人間」と答えます。しかし，その願いとは裏腹に「悪い人間」になるための言動を繰り返すのが人間なのです。自分自身のもつその矛盾性にも言及できるといいですね。

♦ 保護者に伝えたいポイント

　言葉遣いは教師だけが指導しても奏功しません。ぜひこのような話を保護者にも伝えて家庭でもお話ししてもらいましょう。懇談会などでお願いするのもいいですね。そのためには日頃から教師自身が子どもたちの輝く行為を見つけてほめることです。そのことが保護者との信頼関係に繋がり，ひいては言葉遣いの指導の効果を高めることにもなるのです。

※この実践は京都橘大学の池田修氏からお聞きした話を参考に行いました。

言葉は人の人生を変える

〇年△組 学級だより
□月☆日発行

◆「言葉は魔法です。」こう言うと子どもたちはきょとんとしています。何のことか分からない様子です。そこで、教室の一番後ろに座っている一人の子に次のように言います。「あなたの筆箱を持ち上げてください。次にそれを下ろしてください。」当然その子は筆箱を持ち上げ、また下ろします。ここで言います。「ほらね。私は身体は一切使わないのに、言葉だけで筆箱を上げ下ろしできたでしょ？」

◆つまり、実際に身体を使わなくても、言葉一つで相手にある行動を起こさせることは可能だということです。行動でなくても、ある感情を起こさせることも可能だということです。しかしながら、行動は感情や思考の結果起こるものです。ですから、相手にある思いをもたせた時点で、その人が次にある行動を取るだろうということは十分理解して言葉を発しなければならないのです。「言ったことに責任をもて。」とはまさにこのことです。

◆子どもたちは安易に人を傷つける言葉を口にします。新学期になってから、このクラスでもそのような言葉を度々聞きました。残念なことですが、それは事実です。

◆子どもたちには、相手に対して発した罵詈雑言は相手だけでなく自分の心にも多大なダメージを与えていると伝えました。逆に人を元気づける言葉を発し続けたら、それだけで心が晴れ晴れとしてきます。人はお互いを大切にしながら共存していく宿命にあるのです。

◆もう一つ話をしました。それは「人に優しくする人には、それを見ていた周りの人も同じような優しい行為をしてくれるようになる」ということです。「情けは人のためならず（自分のため）」ということわざどおりです。言葉のもつ力の大きさを十分に理解してほしいと思っています。

学級の土台をつくる

11 学級の土台をつくる
自ら進んで仕事を見つけるよう促す

😵 こんな時に……

　学級のシステムを機能させていく上で大切なのが役割分担です。輪番制や一人一役など様々な形態がありますが、最終的には自分の分担でなくても自ら進んで仕事を見つけてやり遂げる行動力を身につけてほしいものです。子どもたちが「自分の仕事はやったんだから、他の仕事はいいや。」という考えでとどまっているのならそれはあまりに悲しいことだと言えるでしょう。

💗 子どもへの指導の意図

　「自分の役割を自覚し、責任を果たす」一見疑いようのない言葉に聞こえますが、「自分の仕事さえ終われば終わり」という子どもにしてしまう危険性があります。教師集団なら、例えば学校行事の準備や片づけをする時にはとりあえずは分担を決めますが、自分の仕事が終わったなら他の仕事を見つけたり、手伝ったりするのではないでしょうか？その意味では教師集団は子どもたちの格好のお手本となりうるのです。ルールや決まりや分担はもちろん大切ですが、それらを超えて、人の幸せを優先して行動できる子どもに育てたいものです。

♦ 保護者に伝えたいポイント

　わが子がどんな様子を見て保護者は喜んでくれるでしょうか？もちろんだれかに親切にされたり手伝ったりされたりする様子を見ると嬉しく感じられるでしょう。でもそれ以上に、わが子が他の友達に親切にしたり、手伝ってあげる姿を見るのも嬉しいものです。いつ教室を覗いてもらっても、そのような光景を見ることができるようにしておきたいものです。

ルールは必要。	○年△組
でももっと必要なものは？	学級だより
	□月☆日発行

◆給食の時間。エプロンをつけた当番が一生懸命食器におかずやご飯をよそいます。他の子はそれらを手に取り，友達の机の上に次々配膳します。つまり自分以外の友達の給食を全員で配膳していくのです。こうすることによって5分程度で配膳を済ませることができます。

◆片づけもまた全員でやります。気づいた子が気づいた食器やケースを片づけます。終わったら全員で円陣を組んでお礼を言って昼休みになります。片づけは2分程度で終わります。この間，特に役割は決めませんが，子どもたちは自分から進んで片づけの仕事を選び，やり遂げます。

◆ノートなどの提出物。放っておくと乱雑に積み上がるものですが，必ず気がついた子がそろえてくれています。乱雑さに少しずつ敏感になってきてくれているようです。

◆雨が多い最近の昼休み。子どもたちは室内で過ごしていますが，トランプなどの遊びをする時に「○○君，一緒にやろう！」という声が多く聞かれるようになりました。周りを見渡すことができる子が増えてきました。

◆これらの子どもたちの行動には共通点があります。それは誰かに何かをやれ！と言われたわけでもないのに自発的に行動してくれているという点です。これを「決まりを超える行動力」と呼んでいます。つまり，誰かに強制されることなく，今どんな状況でどんな行動力が求められているのかを判断し，その時点で取りうる最も適切な行動を起こす力のことです。

◆学校や学級には実にいろいろな決まりがあります。でも最終的にはそれらの決まりがなくても，みんながみんなの幸せを大切にして過ごしていけるようになってほしいと思っています。

学級の土台をつくる

12 学級の土台をつくる
ほめて成長を促す

😖 こんな時に……

1年は長丁場です。必ず中だるみの時期がやってきます。なぜたるむのか？それは日々の生活のマンネリ化もありますが、やはり自分へのプラス評価が与えられないと感じることが大きな原因だと考えられます。折に触れて子どもたちの成長した姿を伝えていきましょう。

❤ 子どもへの指導の意図

教師が些細なところをほめてくれる。そのことを子どもたちに伝えます。「先生はこんなところを見てほめてくれるんだ」と感じた子どもたちは、そのような言動を増やします。逆に評価しないと、その行動は減ります。

私は子どもたちに月に1回葉書を送っています。その子の「良いところ」を家庭に伝えるのです。1年間で12通届くことになります。このような手法をあわせて行うと、子どもや保護者との信頼関係も強く結ばれていくことになるでしょう。

◆ 保護者に伝えたいポイント

なんだかんだ言っても親はわが子のことが可愛いものです。マイナス面ばかり指摘されると、だれだって嫌な気分になりますし、その人のことを嫌いになります。「この先生は私の子どものダメ出しばっかりするわ」と思われていないでしょうか？学校で子どもを預かる限りは学校内であらゆる力を伸ばすのが教師の務めです。子どものマイナス面の指摘は言わば「教師に子どもを伸ばす力がない」ということを伝えることにもなりかねません。できればプラス面を9回伝えたうえで、マイナス面を1回伝えるくらいのつもりでいたいものです。

2か月で
こんなに成長しました！

○年△組
学級だより
□月☆日発行

◆クラスがスタートして早くも2か月が経ちました。あっという間という感じですが，子どもたちは2か月前には見られなかった動きをしてくれるようになってきました。

◆例えば返却物の仕事です。私が「誰かお願いします。」と言うと10人くらいの子が気づいて配布物をあっという間に分担して配ってくれます。多めにノートなどを渡すと，気づいた子がすぐに集まり，うまく分担してあっという間に配ってくれます。「次に何が必要か考えて動ける」子が増えてきました。

◆給食の片づけが非常に早いです。特に担当は決めていないのですが，誰彼なしに仕事を見つけてさっと片づけてくれます。ご飯ケースやパンケース，配膳台拭きはなかなか骨の折れる仕事ですが，気づいた子が嫌な顔一つせず，さっとやってくれます。この速さは多分日本一だと思います。

◆漢字ノートの精度がどの子も上がってきました。宿題をいやいややるというより，一つの作品を作り上げるといった感じで書いてほしいと思っています。そのノートを見た人が，「凄い！綺麗でみっちりやってるなあ。これ凄い集中力がいるやろうなあ」と思ってくれる「作品」を丁寧に作るというイメージです。これは1年かけてやっていく予定です。

◆それとこれが一番大きいのですが，音読の声がどの子も大きくなってきました。「誰か教科書読める人？」と言うとほぼ全員の子が起立して読めるようになりました。「自信をつけることが大切」という考えを理解しようとしてくれているのでしょう。これからの成長がとても楽しみになってきました。このクラスはまだまだこれから大きく伸びていきます！

学級の土台をつくる

13 学級の土台をつくる
友達関係のトラブルを鎮める

😖 こんな時に……
　中学年以降，友達関係のいざこざが増えてきます。人数が多くなり5人，6人になる時もありますが，いわゆる三角関係のようで，基本は「一人のボス＝男子役」と「その他の女子役」のようです。みんなが仲良く過ごしていける場合もありますが，多くの場合誰かが仲間外れにされて悩むことが増えてきます。そのようなことがあった場合に，できれば起こる前に機先を制して話をしておきたいものです。

♥ 子どもへの指導の意図
　子どもたちの間に現時点でそのようなことがなくても近いうちに起こる可能性がある状態について話をしておくことは抑止力になると同時に，いざという時に落ち着いて自分の立ち位置を確認できる判断材料となります。そしてそれらは将来生きていく上で必ず出会うであろう状況にも似ていることも伝えるとよいでしょう。大切なことはどんな状況になっても，自分も友達も大切にできる一番の方法は何か考えること，そして判断して行動するのはほかならぬ自分自身であることです。

◆ 保護者に伝えたいポイント
　中学年以降，思春期を迎える保護者にとってわが子が仲間外れにされる状況は容易には看過しがたい問題です。でも多くの子どもたちはこのような経験をして成長していきます。ある時は外され，ある時は外す側になりながらです。そこで親が立ち入っても多くの場合うまくいきません。時にはそのような状況の中でじっくり友達づきあいについて考えるのも成長していく上で大切なことなのです。そんな時はどっしり受け止めて見守っていきましょう，というメッセージを送りたいものです。

※この実践は北海道の宇野弘恵氏からお聞きした話を参考に行いました。

三角関係は将来の「恋愛」お稽古？

○年△組
学級だより
□月☆日発行

◆みなさんは今まで急に友達から仲間外れにされたと感じたことはありますか？ 実はこれから思春期を迎える人たちの多くはそのように仲間から外されたり，時には外したりする経験をするものなのです。これからもしそのようなことがあった時は，次のように考えるのです。

◆例えば，仲良しの3人組がいたとします。ところがある日Cさんは突然仲間外れにされてしまいます。

　不安になったCさんはAさんとBさんに「どうして私を仲間外れにするの？」と聞きますが二人は「別に。」とそっけない返事。そればかりか日に日にAさんとBさんのCさんへの冷たい態度はひどくなっていきます。Cさんはとても傷ついて悩みこんでしまいました……。「こんな経験あるでしょ？」と聞くと何人かの子がうなずいています。

◆実はAさんBさんは「恋愛のお稽古」をしているのです。つまりある日までCさんも含めた3人で仲良くしていたのに，突然AさんBさんでカップル成立！となってしまったのです。こうなると二人だけの世界を作りたくなりますよね。Cさんは邪魔になってきます。これが仲間外れが起こった状態です。Cさんが二人に近づくほど二人はCさんから遠ざかろう，遠のけようとします。

◆みなさんがCさんのようになったらどうすればいいのでしょうか？とる道は2つです。1つは他に素敵な恋を見つけることです。見渡してご覧なさい。周りにはもっとたくさんの友達がいるではありませんか！「この人じゃなきゃいや！」というのはCさん自身も「恋愛のお稽古」をしている証拠です。もう1つは傷つくことを覚悟でAさんとBさんにアプローチを続けることです。それはとてもつらいよ。でも，選ぶのはあなたです。

◆悩んだらこの話を思い出して，お家の人か先生に相談してくださいね。少しは気持ちが楽になるはずです。みなさんはこうして友達とのつきあい方を学び，将来素敵な友達を見つけたり恋愛ができるようになるのです。

学級の土台をつくる

14 学級の土台をつくる
「気づき力」を高める

😵 こんな時に……

どんな教師も,目の前の子どもたちには思いやりのある人に育ってほしいと願っているものだと思います。しかし,子どもも含めて大人も基本的には自己中心的なものであり,なかなか他の人を思いやることはできていないことでしょう。思いやりのある人は何事にもよく気がつく人でもあります。子どもたちに普段の生活の中から,「気づき力」を高める指導をしていきたいものです。

♥ 子どもへの指導の意図

「見えているものを何とかできないのに,見えないものを何とかすることはできない。というロジックで迫ります。物心相即という言葉がありますが,常に教室などの学習の場は気持ちよく整えられている必要があります。もしゴミなどが落ちていて,それをみんなが看過するような状況があれば,それは既にかなり深刻な学級の状況であるという認識が必要です。落ちているゴミに敏感に反応できる雰囲気を作り出すことは,思いやりのある学級づくりには不可欠な要素であると考えます。

♦ 保護者に伝えたいポイント

「心の教育」という言葉があります。しかし,実際に本当に「心」さえよければと考えているのなら,極めて牧歌的なことだといえるでしょう。見えない心の中をどのように成長させるのか?実際の行動が伴わない道徳心など無力以外の何ものでもありません。よいと思ったことをまずは行動に移せる勇気をもつことの大切さを伝えていきたいものです。

落ちているゴミに気づかない人間に人を幸せにすることはできない

〇年△組 学級だより
□月☆日発行

- ◆毎日見慣れた教室の風景。そこに何らかの違和感を感じることができることが、成長の証として大切なことを子どもたちに話しました。
- ◆たとえば教室に紙くずが落ちていたとします。この紙くずがいつまで経ってもそのままであったとしたらどうでしょうか？ 紙くずがそのままである理由には２つのことが考えられます。１つは見えているけどいちいち拾わない、つまり見て見ぬふりをしているからです。もう１つは本当に気づかないからです。
- ◆私たちは一人では生きていけません。ですから周りの人と良い関係を築いていかねばなりません。学校とはそのような良い人間関係を築くことを学ぶところでもあります。ところが、落ちているゴミを見て見ぬふりをしている人に、どうして悲しいことなどで心を痛めている友達を力づけてあげられるでしょうか？ どうして辛い思いを抱えている人の心の内が分かるでしょうか？人の心は目には見えません。でも、鋭い気づき力があれば、些細な人の変化にも気づけるはずです。気づけば次に「何をすべきか」考えるはずです。そうしてあとは実行できるか？つまり実際に行動できるか？ そこに自他共に幸せになれるかどうかがかかっているのだと思います。
- ◆ですから、「ゴミなどが散らかっている状況というのは、そのままそこで過ごす人の心の中が荒れている」ことを示しているといわれます。けだし名言だと思います。私も気づいたら拾うようにしていますが、忙しい時などはきっと気づかずに通り過ぎているのだろうと反省しています。
- ◆私は「いち早く気づき、考え、行動できる」ということが「賢い」ということだと思っています。「あの子の表情がいつもより暗いなあ。何かあったのかな？よし、声をかけて遊びに誘ってみよう！」と自分を律して人の幸せのために行動できる人は賢い人です。

学級の土台をつくる

15 学級の土台をつくる
時間を守る態度を養う

😵 こんな時に……

　学級のシステムを確立，徹底していく際に重要なことは，時間を守る意識を高めることです。これがしっかりできていれば学級の秩序はまず大丈夫です。子どもたちは様々な場面で時間にルーズなところを見せるはずです。授業の開始時間，掃除の終わり時間，帰りの会の時間……。それら指導を要する時こそが安定した学級づくりのチャンスであるといえます。

♥ 子どもへの指導の意図

　子どもたちは，自分たちには時間は無限にあり，無為に過ごしても構わないと思っているものです。そこで時間に対する価値観を転換させる必要があります。子どもたちは「一生懸命」という言葉は知っていますが，「懸命」とはそもそも具体的にどのようなことを指すのかは分かっていません。そこで。「時間＝人生＝命」であるという構図を教えます。子どもたちにはここで新しい気づきがあるはずです。指導後は折に触れて時間を守ることの重要性を説いていきましょう。

◆ 保護者に伝えたいポイント

　宿題の量は親子共々気になるところではありますが，宿題をするには当然時間が必要であり，そのために費やす時間は大切な「人生＝命」であるという教師の考えを伝えましょう。「雑な作業は命を雑にするということ」このロジックは雑な作業を否定し，何事にも丁寧に取り組んでいくことの重要性を説くのに役立ちます。ひいては生まれてきて，素晴らしい人生を与えてもらえたことへの感謝にも繋げていきたものです。

時間を大切にすることは命を大切にすること

○年△組 学級だより
□月☆日発行

◆漢字の学習を宿題として毎日課していますが，宿題が乱雑な子がいるので次のように言いました。「この雑な宿題を仕上げるのに何分かかった？」すると「5分」とか「7分」という答えが多く返ってきます。やはり雑な作業なりの時間しかかかっていません。

◆「では，その5分や7分という時間はどこに売っていたのですか？」と聞きます。すると「う～ん」としばらく考え込みます。どこにも売ってませんからね。返答に窮するのはもっともです。

◆「じゃあ，その時間は誰にもらった？」こう聞くと多くの子は「親にもらいました。」と答えます。時間はどこにも売っていない大切なものだということに気づいたのです。つまり，

$$時間＝人生＝命$$

なわけです。つまり「乱雑な宿題は人生＝命を粗末にしている」のですね。

◆我々は人生が無限だと思っています。しかしそうではない。誰にとっても時間は有限なのです。ですから1分1秒を大切に生きてほしい。そのためにはやるべきことは丁寧に全力でやる！それが命を大切にすることに他ならないのだと考えています。

◆人一倍の努力という言葉があります。これは人の2倍の仕事をやれということではありません。1.1倍のことだと教えます。「昨日より1つだけ，1ミリだけ前進しよう。そうして次の日はまたもう1つだけ，もう1ミリだけ進もう。そうすれば卒業までの200日で大きな力になるはずです。」と話しました。例えば意味調べを1日1個やっても1年後には200個調べることになります。1日5個なら，1000個です。1年で1000個意味調べをした人と0個の人とではどちらのほうが国語力は身につくでしょうか？毎日ほんの少しだけ昨日の自分を超えていきましょう。1年後の成長が今から楽しみです。

16 学級の土台をつくる
規則正しい生活の大切さを指導する～連休前に～

😰 こんな時に……

始業式から学級のシステムを確立するために様々な働きかけを行い、ようやく定着しつつあるころに連休はやってきます。連休で生活リズムを崩す子が多いのは事実ですが、事前に子どもたちと保護者に通信で生活習慣の重要性について伝えることで、ある程度の抑止力にはなりえると思われます。ここまでの頑張りと成長をともに伝えるとよいでしょう。

💗 子どもへの指導の意図

たとえ連休明けであっても、普段と同じスケジュールで学校生活を送っていくことを覚悟してもらいます。だらけた生活を元に戻すには、少々きついけど規則正しい生活を取り戻すことが一番だからです。そのために「今までの1か月で君たちはここまでできるようになったんだよ！」という励ましを送りましょう。「そんな君たちなら大丈夫だよ！また連休明けから頑張ろうな！」というスタンスで子どもたちに伝えたいものですね。

◆ 保護者に伝えたいポイント

連休に生活リズムが崩れやすくなるのは保護者にも周知の事実です。子どもたちが毎日学校生活の中で規則正しい生活を送りながら頑張っている事実を伝えた上で、家庭での生活リズム維持をお願いしましょう。また、家庭的にしんどい状況がある場合も想定し、あまり居丈高に「こうしてください！」と要求しないことです。あくまで可能な範囲での協力をお願いしましょう。

生活習慣が人生を決める

○年△組 学級だより
□月☆日発行

◆間もなくゴールデンウィークです。楽しい時間ですが，私はリズムの崩れを心配しています。どうしても連休になると，せっかく平日に作り出してきた生活リズムが大きく崩れます。休みモードのまま迎える授業日は姿勢が崩れている子が増えます。目がとろんとしている子もいます。睡眠時間が不足しているのでしょう。このように連休後というのは全般的に集中力に欠ける子が増えるものです。大いに休日を楽しんだ後は，きっちり気分も体も切り替えてきてください。そのためには，やはり早寝早起きが大切なことはいうまでもありませんね。

◆そこでここ数日は，学校での規範意識を高めることに力を入れています。朝自習の過ごし方，休み時間と授業時間の切り替え，給食時間や掃除時間の仕事内容など，朝学校に来てから帰りまでのルールを再確認しています。

◆この１か月で子どもたちの姿も少しずつ変容してきました。朝自習は静かに読書などをして待つことができるようになりました。挨拶や校歌の声量も徐々に大きくなってきました。漢字ノートのレベルも少しずつ上がってきました。どこの子も自分なりに＋αの努力を始めたようです。

◆１日に何度も教えあったり，ハイタッチや握手をしたりするのですが，笑顔で相手の目を見てできる子が増えてきました。握手だけでなく視線や声などでも相手に「元気でやろうね」というメッセージを送ることができます。これをストロークと言います。プラスのストロークを１年間で何千何万と相手に送り続けましょう。教室がプラスのストロークで溢れたら，１年後どんなに素敵な空間になっているでしょうか。毎日の何気ないやりとりも，相手のことを大切に思って大事にしていきましょうね。

17 学級の土台をつくる
感謝の気持ちを育てる

😫 こんな時に……

　子どものみならず大人達も日々の生活の中で当たり前の物事に感謝することを忘れてしまいがちです。感謝の心がないと，心は荒んでいきます。折に触れて普段当たり前だと思っていることに感謝の気持ちをもたせたいものです。

❤ 子どもへの指導の意図

　目の前にある鉛筆1本が私たちの手に渡るまでにどれだけの人々の苦労があったかについて考えさせます。これはかつての国語の教科書に取り上げられていたのですが，最近はどうやら教材から外れたようです。残念なことです。

　あまりにありふれた鉛筆1本ですが，実に多くの人々の手を渡って目の前にあるのですね。このことをきっかけに身の周りにあるいろんな物の裏側にある人々の多大な苦労に思いを寄せてほしいものです。

◆ 保護者に伝えたいポイント

　飽食の時代，親もまた子どもたちに豊かに物を買い与えているものです。一方で質素倹約を心がけている保護者もいます。今一度，この物の豊かな時代に，心は貧しくなっていないかを点検すべく，「当たり前」を問い直す話題を提供したいものです。

大事なものは見えない

○年△組
学級だより
□月☆日発行

◆お忙しい中，家庭訪問では貴重なお時間を割いていただきありがとうございました。いよいよこのクラスも本格的に動き始めます。その中で全ての物事が子どもたちの成長に繋がってほしいと願っています。いろいろご迷惑をおかけするとは存じますがどうぞ1年間よろしくお願い致します。さて，目の前に1本の鉛筆を用意してください。そしてよく見つめてください。何が見えますか？そして何を思いますか？一度下にある四角の中に書き出してみてください。

◆一本の鉛筆なのですから，「一本の鉛筆」は見えて「当たり前」なのかもしれませんが本当に「当たり前」なのでしょうか？

◆10年ほど前，国語の教科書に『一本の鉛筆の向こうに』という，私たちが日々当たり前のように使っている鉛筆がどのようにして私たちの手元に届くかについて書かれた説明文が掲載されていました。まずは黒鉛を掘り出すスリランカの人，木を切り倒す人，トラックで運ぶ人……。たくさんの人たちの苦労の末に鉛筆は私たちの手元に届くという内容です。

◆つまり，私たちは「当たり前」のように鉛筆を使っていますが，その裏にある多くの人々の存在があるのです。鉛筆だけではありません。ノート，教科書，机，椅子，教室，電気……。身の回りに溢れるものの裏にはいったいどれだけの人々の苦労があるか，一度思いを寄せてみたいと思います。

◆そもそも，ものが「見える」こと自体，「当たり前」だと思っている私たちですが，実はそうではないですね。「当たり前」は，実は私たちに大切なものを見えないようにしてしまう危険性があるかもしれません。

学級の土台をつくる

18 学級の土台をつくる
感謝の気持ちを育てる

😖 こんな時に……

　「大事なものは見えない」の続編です。鉛筆のみならず，あまりに豊かなこの時代に，子どもも大人も今ある環境を「当たり前」だと思いがちです。それがいかに傲慢な考えであるかを気づかせていきましょう。感謝の心を失う時，人も組織も腐敗し始めます。

♥ 子どもへの指導の意図

　子どもたちにあえて「当たり前」だと思うことにはどんなことがあるか問うてみましょう。冗談半分で「息をする」とか「歩く」などの答えを出す子もいます。しかし，実はそうではない。自力呼吸できずに人工呼吸器に頼らなければならない人はたくさんいます。自分で歩くことができない人も何万人といる。何一つ「当たり前」などないのですね。「当たり前」だと思うことがどれだけ傲慢なことなのか気づかせましょう。

◆ 保護者に伝えたいポイント

　家庭でも日々「当たり前」なことに囲まれていることでしょう。でも，折に触れてそうではないこと，何事に対しても有り難く思い，感謝しなければならないことを話してもらえるといいですね。学級の実態に応じて，母の日や父の日の話もしたいものです。その中で，お母さんやお父さんに感謝するのは母の日や父の日だけでいいのか？についても考えさせ，その時の子どもたちの様子も伝えていけたらいいですね。日々毎日感謝すること，そして毎日一生懸命に楽しく元気に生きることが何よりの親孝行であることも伝えていきたいものです。

「ありがとう」の意味とは？

○年△組
学級だより
□月☆日発行

◆今日はあるお話を紹介します。

　ありがとうの反対語は何だと思いますか？それは「当たり前」です。

　「ありがとう」は漢字で書くと「有難う」と書きます。「有る＝存在する」ことが「難し＝難しい」という意味です。つまりそれは「奇跡」ということですね。奇跡の反対は，「当然」とか「当たり前」になります。私たちは，毎日の生活を当たり前だと思って過ごしていませんか？　目が見え，耳が聞こえるのが，当たり前。手足が動くのが，当たり前。毎朝目覚めるのが，当たり前。食事ができるのが，当たり前。息ができるのが，当たり前。友達といつも会えるのが，当たり前。太陽が毎朝昇るのが，当たり前。生まれてきたのが，当たり前。家族が毎日帰ってくるのが，当たり前。そして……生きているのが，当たり前。誰しも，今日と同じ日が明日も繰り返されると思う。今日，誰かと出逢い，話し，笑い，食事をして，仕事ができる。こんな当たり前だと思うことが，本当は奇跡の連続なのです。

◆毎日，生きていることが奇跡そのものなのです。大事な人と明日も逢えると思っていたのに，明日を待たずに永遠の別れになることもあるかもしれません。だから今を精一杯生きること。それが感謝しながら生きていくということになるのです。忙しく過ぎていく毎日ですが，時には立ち止まって周りを見渡してみましょう。たくさんの「当たり前」が「有り難く」見えてくるはずです。そのような生き方をしていれば，自分自身幸せな気持ちになれますし，周りの人も幸せになれることでしょう。

◆「今という時間を精一杯生きること」それが「人生を，命を大切にするということ」だと子どもたちに話しました。ちょうどその話と重なります。１分１秒を大切にしていきたいですね。

19 学級の土台をつくる

積極的に掃除をする意欲を育てる

😵 こんな時に……

　新学期，学級のシステムで子どもたちが掃除をし始め，最初の中だるみが見えてきた時などに話します。特に上級生の場合，早めに「自分たちが良いも悪いもお手本になっている」という自覚をもたせる必要があります。

💗 子どもへの指導の意図

　「しっかり掃除をしましょう。」と教師は言いますが，いったい何をどうすることが「しっかり」なのかは指導できていないものです。そして「しっかり」について指導したのなら今度は教師が「しっかり」評価してあげることが大切です。試験制にするもよし，「しっかり」の姿を可視化するのもよし。継続した指導と評価が子どもたちに「自分を磨く」掃除の力を身につけさせることになります。

◆ 保護者に伝えたいポイント

　掃除は単に輪番制で回ってきて仕方なしにやらねばならない仕事ではなく，主体的に克己心をもってやらねばならない仕事であることを伝えたいものです。やりたくないのであれば，中途半端な遊び感覚でするよりは，やらない方がよっぽどマシなのですね。特に上級生の場合は自分が所属する学校社会に悪影響を与えかねないことも伝えておきたいものです。それはいうなれば教師自身のキャリア教育感覚であるともいえるでしょう。

掃除で磨くのは自分の心

○年△組
学級だより
□月☆日発行

◆6年2組の掃除担当場所は次の通りです。

　　　教室　廊下　南昇降口　2階中央トイレ　1年2組教室

　現在2か月の「試行期間中」です。ここで自分の働きをアピールして最終的に1学期の掃除場所を決定します。今のところ，まだ「合格者」はいません。

◆掃除を一生懸命やるとは具体的にどういうことか？それは次の2つができているということです。

黙動と立腰

　黙って，力を入れて掃除をするということです。しかし，これがなかなか難しい。つい誘惑に負けて無駄話などをしてしまうようです。これは試してみれば分かるのですが，おしゃべりしながらノートを写したり，本を読んだりしてみると，実に効率が悪いことに気づくと思います。15分間集中して掃除をするとかなり疲れるはずです。しかし，その間常に下向きに謙虚な気持ちで自分自身と向きあうことができる時間でもあるのです。一生懸命やれば，集中力が高まっていきます。それは勉強はもちろん，スポーツなどにも通じてくることでもあります。自分を磨くことのできる貴重な時間。それが掃除時間なのです。

◆掃除時間にサボったり，いい加減な動きをすると，周囲にいる下学年の子達がマネをします。「大きくなったらあんなふうにサボっていいんだ」ということを学ぶのです。これならやらないほうがマシです。引き受けた場所で責任をもって掃除をやり遂げて，大きな力を身につけてほしいと思います。

　やる気のある子たちと私も毎日一緒に便器をたわしで磨いています。できるだけ無駄な水を使わず，毎日綺麗に仕上げてくれています。今のところ最初の「合格」候補のメンバーです。

20 学級の土台をつくる
自ら進んで行動する態度を養う

😖 こんな時に……

　直接自分の得にはならないことでもクラスのために自ら進んで行動できる子どもたちを増やしたい時に話しましょう。このような行動はクラスの一体感を強めるのに役立ちます。

♥ 子どもへの指導の意図

　「勉強だけやっていればいい」,「スポーツさえやっていればいい」というような考えが蔓延しているのも事実です。そのような考え方で,何とか目の前の勝負事をとりあえずクリアーすることは可能かもしれません。しかし,人生はその目の前の壁を乗り越えたあとも続いていくのです。その長い道程の中でその場しのぎの勝利至上主義は必ず破綻します。なぜなら人生は他人と力を合わせて乗り越えていくものだからです。些細なこともフォローし合える力を普段から身につけさせたいものです。そしてスポーツはそのような「他を思いやる力」を身につける絶好の機会であることも伝えたいものです。

◆ 保護者に伝えたいポイント

　スポーツクラブに子どもを通わせる保護者も多いでしょう。そういう子どもが学級に所属してどのような影響を及ぼすかは担任教師にとってはなかなか大きな問題であります。「いい気」になったヒーロー気取りの子どもによって学級がひっかき回される事例もよく見聞きします。担任としてのスポーツ観をしっかり伝えていくことも大切でしょう。まずは学校最優先なのですから。

	○年△組 学級だより
# チームになろう	□月☆日発行

◆ある高校ラグビーの代表チームの話です。ある県の選抜メンバーが国体優勝を目指して招集されました。初日の練習が終わり，ミーティングが終わりました。その日は予定終了で就寝時間を待つばかりです。ところが監督が全員を緊急にミーティングルームへ集めました。なぜだと思いますか？

◆トイレにトイレットペーパーの使い終わった後の芯が放置されていたそうです。監督はその見つけた芯を片手に次のように選手に言ったそうです。

> これから力を合わせて日本一になろうというチームが，このような些細なことに労力を惜しむのか？絶対に優勝は無理だ。ラグビーのゲームはメンバー全員が信じ合い，助け合わなければ絶対に勝てない。「トイレットペーパーの芯くらい誰かがやってくれるさ」などという甘えた考えの者が一名いるだけでそのチーム力は大きく落ちる。おそらく国体のトーナメントは僅差の勝負になるだろう。その際に勝負を分けるのはこのような些細なことへの心構えだ。みんなは本気で勝とうと思っているのか？覚悟を聞かせてほしい。

◆これはあらゆるスポーツはもちろん，おおよそ「チーム」という名の付く組織には共通して言えることだと思います。私たちのクラスもそうです。「みんなにとって良いクラスを作る」という１つの目標に向かって日々進もうとする「チーム」なはずです。しかし，その教室に小さなゴミが落ちていたり，使ったモノが出しっぱなしになっていたりするとしたら，それは到底「良いクラスを創る」という大きな目標には到達できません。なぜならそのような教室には他への思いやりや心配りが欠けているからです。自分さえよければ，という考えが蔓延しているからです。ですから，最近は全員で１分間ほど掃除をしてから授業を開始することにしています。わずか１分ほどですが，クラス全員が動けばかなりの掃除や片づけができるものです。

21 学級の土台をつくる

保護者への感謝の気持ちを育てる〜母の日を前に〜

こんな時に……

母の日を目前に母親への感謝の気持ちをもたせたい時がタイムリーですが，一年を通じていつでも使える話です。折に触れて母親という存在の大きさ，ありがたさを感じさせたいものです。

子どもへの指導の意図

主婦が月給をもらうならその労力は数十万円に匹敵するという考え方があります。でもお母さんはそんな過酷な仕事を毎日繰り返してくれています。そういう見方を子どもたちはすることができません。このようなパラダイム転換を授業で仕組んでいきましょう。この授業の後に家で手伝いをしたりする子が増えるかもしれませんね。たまにはお母さんの愚痴でも聞いてあげよう。そんな子が一人でもいてくれたら嬉しいですね。「今授業をしているこの時も，お母さんは君たちのために重労働に勤しんでくれているのですよ。今日帰ったらぜひお母さんに『ありがとう』と伝えてみてください。『どうしたの？急に？』って言われるかもしれませんが，お母さんはとっても嬉しいはずですから。」

保護者に伝えたいポイント

親ほどありがたい存在はありません。でも実の子に対して「いつもあなたのために働いているのよ。感謝しなさい。」なんて言えるはずがありません。多くの保護者はそんなことなど考えたこともないことでしょう。ですから教師が代弁するのです。これは教師にしかできない話だと思います。「この先生は分かってくれているなあ」そう思っていただけたら嬉しいですね。

世界一過酷な職業とは？

◯年△組
学級だより
□月☆日発行

◆「世界一過酷な職業」。いったいそれはどんな職業だと思いますか？その「世界で最も過酷な職業」の面接に来た人たちへ面接官が説明をします。要旨，次のような仕事だそうです。

　まずは仕事の内容からお伝えします。これは簡単な仕事ではありません。とても重要な仕事です。役職は現場総監督です。でも実際はこの役にとどまりません。仕事上の責任はとっても広範囲です。あなたが任される役職はとても流動的です。さらにほぼ全ての時間，立って作業します。立ち作業と屈んだ姿勢で作業し，とても体力を必要とします。

　この職位は交渉力と交際力が求められます。そして私達が必要としているのは，医学と金融学と栄養学に通じている人物です。複数の役職を兼任することが求められます。常に周りに注意を払い，時には同僚と徹夜ということも。一睡もすることなく。大変な仕事をするのですから，あなたのプライベートな時間は諦めてもらいます。事実上，休みなしです。クリスマス，感謝祭，正月などでは，仕事量がもっと増えます。やりがいのある仕事でしょ？あなたが作る人間関係や同僚を助けるといったことは，お金に換算されません。それで，給料ですが，あなたがこの役職で得られる給料は「0」です。

◆これは「過酷」ですね。何と給料はゼロなのです。あり得ますか？みなさんはこんな職業に就きたいと思いますか？さあ，いったいこの職業は何なのでしょうか？答えは，

おかあさん

なのです。

学級の土台をつくる

学級の土台をつくる

話を聞く態度を養う

😣 こんな時に……

話を聞く態度を身につけさせたい時に。学期初めや授業開きの時に話すと有効でしょう。子どもたちは多くの場合「ちゃんと話を聞く」という具体的なイメージをもたずにいます。ですから，平気でよそ見をしたり手遊びをしたりするのです。その態度のもつ意味は何か？できるだけ早くにきっちり指導したいですね。

♥ 子どもへの指導の意図

「ちゃん話を聞く」ということは，具体的にどうすることなのか？「向く・書く・頷く」の3つであると指導します。その後は必ずこの3つの具体的な行動を意識させ，徹底させて学級内に学習習慣として浸透させていきます。そして疑いようのない「常識」である「友達を大切にしよう」という言葉など何万回唱えてるだけでは実現できないこと，具体的な行動を示さなければ単なるスローガンで終わることも熱く伝えていきたいですね。

◆ 保護者に伝えたいポイント

この学習習慣はこれから進学しても，働き始めても決して無駄ではありません。驚くことに今の小学校ではこのような「相手を大切にする」礼儀や作法を指導する時間はありません。いくら道徳化を声高らかに唱えても，この程度のコミュニケーションスキルを身につけさせないのであれば，何にもなりません。懇談会などで，家庭においても諭してもらえるよう協力をお願いすることができればいいですね。

友達を大切にする 3つの「く」

○年△組 学級だより
□月☆日発行

◆人が話をしている時に、手遊びやよそ見をしている人がいます。友達が起立して発表しているのに背中を向けている人もいます。そんな時に私は「それが友達を大切にする聞き方ですか？」と問いかけて、全員に考えてもらうことにしています。

◆すでに子どもたちには話したのですが、しっかり話す人の方を向き、反応しながら、必要に応じてメモも取りながら聞くことが大切です。

◆まずは二人組になって、相手の話をよそ見や手遊びしながら聞かせます。感想として「話す気がなくなる」「腹が立つ」「悲しい気持ちになる」「わざとよそ見しているだけで申し訳ない気がする」などというものが出されました。次に「友達を大切にして聞きなさい」と指示してお互いにおしゃべりをさせます。その後の感想では「とても安心して話すことができた」「相手によい感情を抱ける」などというものが出されました。

◆日々このような聞き方を続けて教室に「あなたを大切にしているよ」というムードを作り出すことが、全員が安心して力を発揮できるクラスにするために必要なことなのです。

◆人の話を聞く時に大切なこと。それは、3つの「く」だと言われます。つまり「向く・書く・頷く」の3つです。「向く」とはいうまでもなく話す人の方に「おへそを向ける」ということです。「書く」というのは必要に応じてメモを取るということです。「頷く」とは相手の話に頷いたりして反応するということです。仏頂面でボーッとしていてはいけないということです。

◆「友達を大切にする」という言葉は一見、一聞して疑いようのないものに思えます。しかし、具体的にどのような言動が「友達を大切にする」ということなのかは案外知らないものです。このような些細な言動の積み重ねが、実は友達を大切にすることになるのですね。

学級の土台をつくる

23 学級の土台をつくる
他の人のために行動する力を育む

😣 こんな時に……

　些細なことに気づける感性を身につけさせたい時。子どもたちは放っておけば利己的な言動を「普通」と思ってそれを繰り返していきます。それは至極自然なことなのだと思います。でもその自然のままでよいなら，そもそも学校など無用の長物ということになります。放っておけば利己的になる現状に働きかけ，利他的に動ける子どもたちに変容させることこそ教育の役割なのだと思います。変容できるきっかけを教師は数多くもたねばなりません。今回のお話もそのうちの一つです。

♥ 子どもへの指導の意図

　外からは見えない人の心の中に思いを寄せられる人になってほしいものです。しかし，目の前に見えているゴミを拾うという些細ではあるけど利他的な行動さえできない人に，寂しい思いをしている友達の心に気づけるはずなどありません。少なくともゴミが散らかっているような環境で，「他の人のために動こう」などという気持ちなど湧いてこないのが普通といえるでしょう。他を思いやる人になるために，まずは見えている些細なことを率先してできるようになれ！そんなメッセージを子どもたちに送りましょう。

◆ 保護者に伝えたいポイント

　落ちているゴミを拾わないばかりか，平気でゴミのポイ捨てをする大人が多いのが現実です。まずは大人がそのような行為は「カッコ悪いのだ」という美意識を子どもたちに伝えてほしいものです。そのようなメッセージを送ることができればいいですね。

気づき，考え，そして行動できる人が「賢い」	○年△組 学級だより　□月☆日発行

◆たとえば教室に紙くずが落ちていたとします。この紙くずがいつまで経ってもそのままであったとしたらどうでしょうか？紙くずがそのままである理由には２つのことが考えられます。１つは見て見ぬふりをしているからです。もう１つは本当に気づかないからです。

◆私も気づいたら拾うようにしていますが，忙しい時などはきっと気づかずに通り過ぎているのだろうと反省しています。

◆ましてや見て見ぬふりをしている人がいるというのは……，「ゴミなどが散らかっている状況というのは，そのままそこで過ごす人の心の中が荒れている」ことを示していることになってしまいます。

◆「賢い」という言葉があります。子どもたちに「どんな意味だと思う？」と聞くと，「成績が良い」「テストの点数が良い」などの答えが返ってきました。もちろんそのような意味もあるでしょう。しかし，私は「いち早く気づき，考え，行動できる」ということだと思っています。「あと少しで試験だ。弱点補強のために２週間前から計画的に勉強しよう」そう考えて行動に示せる人は当然成績もよくなることでしょう。「あの子の表情がいつもより暗いなあ。何かあったのかな？よし，声をかけて遊びに誘ってみよう！」と行動できる人もまた「賢い」といえるでしょう。「宿題の時間って，貴重な人生を使ってやっているんだな。だったら人生を無駄にしてはいけないなあ。よし，丁寧にやろう」そう思える人も「賢い」といえるでしょう。自分を律して人の幸せのために行動できる。これほど賢い人はいないと思っています。

24 学級の土台をつくる
辞書を引く習慣を身につけさせる

😵 こんな時に……

　辞書を引く習慣を身につけさせたい時。3年生で国語辞典の使い方を数時間だけ指導しますが，多くの場合それっきりとなってしまいます。もし3年生から国語辞典を使い始め，以後小学校生活の間辞書を使い続ければかなりの語彙力が身につくはずです。

♥ 子どもへの指導の意図

　子どもたちに辞書を引かせる理由はいくつかありますが，1つは正しい日本語を身につけて，表現力を高めてほしいことにあります。語彙不足が感情の爆発に繋がるというのは案外知られていることです。自分の気持ちの細かいところまでうまく伝えられないから「ウザい」，「キモい」などという言葉で完結させようということになるのです。美しい日本語の存在と効用をしっかり伝えたいものです。そのためにはまず日本語そのものを豊かに知らねばなりません。目標到達のためには少々遠回りな気もしますが，美しいコミュニケーションのためには欠くことのできない基礎固めであることは事実です。

♦ 保護者に伝えたいポイント

　最近では保護者の言葉も乱れています。つまり大人であり，子どもに一番影響力をもつ親の語彙力が貧しいことも珍しくないのです。豊富に語彙をもつことがよき人間関係を構築するために必要であることを伝えていきましょう。

| 辞書を引くと人に優しくなれる | ○年△組 学級だより □月☆日発行 |

◆漢字の学習を宿題に課しています。できれば，学習した新出漢字を含む語句をいくつか選んで，その意味を辞書で調べてくるように話しています。１日に５個ずつ辞書で言葉を調べるとすると，１年間で1000個もの言葉の意味を辞書で調べることになります。

◆子どもたちの多くは「辞書を引くのは面倒くさい」と考えているようです。そこで時にこんな話をします。「『青』って辞書で引いたことある？ないよね。簡単だものねえ。では辞書にはいったいなんて説明してると思いますか？」こう聞くと子どもたちは途端に黙ってしまいます。考えたこともなかったのでしょう。すぐに辞書を引かせてみます。するとある辞書には次のように説明されています。

【あお】①晴れた秋空や藍染めのような色。またその系統の色。②年が若く，未熟な。また単に，若い。③馬の愛称。

子どもたちはせいぜい①の意味しか知りません。しかし，②や③のような意味があることを知ってみんな驚きます。「ねっ。言葉って思っているよりも多くの意味をもっているでしょ。今度暇な時にいろいろ調べてみるといいね。」そういうと多くの子は「赤」や「緑」など，ごくごくありふれた言葉の意味を調べ始めます。そうして「ああ，そうか！」などと一人で感心しています。そのように，辞書には想像以上の意味が書かれてあり，とても「面白い」ものです。それはコンピューターゲームなどの「面白さ」とは一線を画す，人生において，とても大切な面白さです。時に「知的好奇心」といいます。

◆辞書を引かせるにはもう一つねらいがあります。今の子どもたちは嫌なことはなんでも「ウザい」「キモい」で終わらせようとします。たくさんの言葉を知って使いこなせるようになってほしいと思います。

25 学級の土台をつくる
失敗にへこたれない「強さ」を身につけさせる

😖 こんな時に……

　ほめて伸ばすことはとても大切なことです。しかし，時には厳しい指導も必要です。その時に謙虚な心でその指導を受け止め，今後の成長に活かしていける強さを身につけてほしいものです。

♥ 子どもへの指導の意図

　何かと「ほめて伸ばそう」という考えがもてはやされていますが，世の中はそんな甘くありません。「ダメ出し」を単に「自分のマイナス面の指摘」と捉えるのでなく，「自分の力を伸ばしてくれる貴重な機会」という価値観を教えたいものです。今回の指導では教師が一方的にダメ出しするのではなく，子どもたち自身に気づかせ反省点を出させるという方法を紹介しています。いわば「セルフダメ出し」ですね。これなら子どもたちは抵抗感なく自分たちの改善点を列挙できるはずです。その後，子どもたちが再チャレンジした後のフィードバックは不可欠です。

◆ 保護者に伝えたいポイント

　いわゆるモンスターペアレントなどの出現でなかなか子どもたちに厳しい指導は入れにくい昨今です。しかしこの方法なら大きな反感を買うこともないでしょう。どんな親もわが子のことを一番大切に思っています。そのことを踏まえた上で，このような「厳しい」指導の意図を丁寧に伝えていきましょう。そうすればきついクレームなどは入らないはずです。

自分にダメ出しできる人は伸びる

○年△組 学級だより
□月☆日発行

◆今日はかねてから準備を進めてきた１年生を迎える会の日でした。朝からどの班も最終準備の確認に追われ，１時間目，各自の集合場所へと散っていきました。さて，いったい彼らは何を学んでくれるのだろう？とワクワクしていました。学校全体を回ってみると，どの班も用意周到にうまく会を盛り上げ６年生はどの班も１年生を気遣ってくれていました。

◆帰ってきた子どもたちに早速聞きました。「自己採点してみましょう。３点満点で何点でしたか？」すると３点満点はゼロ。全員が何点か減点していました。その理由を聞いてみました。

・うまく整列させることができなかった。
・きつい言葉で指示してしまった。
・担当の先生に注意された。
・無駄な時間が多くて，実質遊べる時間が短くなってしまった。

◆聞くと，なかなか班の仲間に指示が通らず，次の行動へ移れなかったといいます。「どうでしたか？前に出てリーダーとして仕切るのは難しかった？」と聞くと全員が手を挙げました。「そうか。それはとってもいい勉強をしたね。」それは子どもたちに対する気休めではありません。私が本当に想定していた状況だったのです。６年生のみんなはこの日までいつも「仕切られる側」でした。前に出てほんの少しの説明をするのにも多大な労力と配慮を要することなど全くと言っていいほど知らなかったことでしょう。だからその大変さをあえて体感してほしかったのです。「少しは私のしんどさが分かったかい？」と笑うとみんな苦笑していました。

◆主客転倒。こうした体験を重ねることで，子どもたちは「仕切られている」場合の在り方をより緻密に学んでいけるはずです。あと２回，下学年を仕切るチャンスがあります。ぜひ今回の反省点を活かして，より素晴らしい会にしてほしいと思います。

26 学級の土台をつくる
進んで後片づけできる行動力をつける

😖 こんな時に……

　自ら進んで行動できるようにするためには、子どもたちの心の中に大きな変化を与えなければなりません。いわゆるパラダイム転換です。普段生活できていることを「当たり前」だとは思わず、「ありがたい」と思えるようにすれば子どもたちからは自ずから「ありがとう」という感謝の心に支えられた言動が引き出されることでしょう。

♥ 子どもへの指導の意図

　日頃子どもたちは学校で生活できることを「当たり前」だと思っています。しかし、体育館や教室をはじめとするあらゆる施設には当然メンテナンスが必要であり、様々な職種の方々が修繕や改修をしてくださっているのです。このことをまずは伝えたいですね。そうすれば体育館などを利用した後にどんなことをすべきか分かるはずですし、納得してやってくれることでしょう。入退室の際の一礼もまた同じことですね。何かに対して感謝している人の姿は荘厳で美しいものです。

◆ 保護者に伝えたいポイント

　学校生活の中でまずは感謝の心を示せる子どもを育てたい！その意図を伝えたいものです。家や地域でも自発的に動けるチャンスはたくさんあります。もし子どもたちが進んで動いてくれたら「凄いなあ。学校でもがんばっているからやね。」とほめてあげてほしいですね。親からのほめ言葉はこの上ないモチベーションに繋がることでしょう。

体育館を使った後，何をすべきか？
～気づき力があるか？～

○年△組
学級だより
□月☆日発行

◆体育館での授業などを終える時に私は子どもたちに「忘れ物のないようにね。」と一声かけることにしています。当初子どもたちは自分の持ち物などだけをチェックして教室に戻るのですが，私の真意はそれだけではありません。あることに気づいてほしい，つまり「気づき力」を身につけてほしいのです。

◆お世話になった体育館に「恩返し」の忘れ物をしてはならない，ということです。体育館で体育の授業などを私たちは当たり前のようにやっていますが，そうやって普通に授業ができるのはいったい誰のお蔭か考えてほしいと思っているのです。毎日掃除をしてくれている5年生のみなさん。毎日解錠や戸締まりをしてくださっている教頭先生や校務員さん，長期休みのあいだに照明や放送の機器を修理，修繕してくださっている業者のみなさん，体育館を建ててくださった町や県のみなさん……。そういった数え切れないほどの方々の汗と苦労の上に私たちの「当たり前」が存在していることを忘れてはならないと思います。

◆自分を支えてくださっている方々への感謝を込めて出入り口で一礼をすること。戸締まりや換気，電気のスイッチなど，率先してできることはたくさんあります。そうして体育館だけでなく，特別教室も自分たちの教室も運動場も公園も，誰かの支えのお蔭で気持ちよく使えるのだということを改めて知ってほしいと思います。

◆今ではたくさんの人がそのような「忘れ物」をしないように気をつけられるようになりました。朝礼の後，体育の後，帰りの会の後……。いろんなことに気をつけられる人がこのクラスにはたくさんいます。そうやって感謝の気持ちをもち，常に人のことを気遣ってあげられるムードに溢れたらその学級って，その学校ってどんなに素敵だろうと思います。

27 学級の土台をつくる
夢や希望をもたせる

😖 こんな時に……

　人生の夢や目標をもってほしい時に。何かと見通しがつきにくい日本の未来は「お先真っ暗」的な論調がある中でも，子どもたちには夢や希望をもち続けてほしいものです。大人が夢や希望を明るく語れば，子どもたちにはきっと届くはずです。しかし，いたずらに「夢や希望が大切だ」などと叫んでいるだけでは弱い。どのようにすれば願いが叶うか，少しでもいいから生き方に関わるヒントを伝えましょう。

♥ 子どもへの指導の意図

　「熱く願えば夢は叶う」という言葉があります。しかしこの「熱い」とはいったいどのようなことをどの程度どうすることを指すのでしょうか？そのヒントを与えるお話です。夢や希望を叶えるなら四六時中そのことを考え，全ての言動がその実現のために集約されるようにすることが有効であるという説があります。流れ星が見えて消えるまでの数秒間に自分の夢や希望を3回も繰り返せる準備のある人なら，なるほど，本当に可能かもしれませんね。少なくとも夢や希望の実現のためになら，そのくらいの覚悟をもて！というメッセージを伝えましょう。

◆ 保護者に伝えたいポイント

　どんな子どもでも将来への可能性は開かれているはずです。年齢が若ければ若いほどです。ともすれば「うちの子なんて……。」とわが子を卑下してしまいがちですが，そうではない！学校では教師が子どもの可能性を引き出していく努力をしますから，ご自宅でもどうか夢の実現に向かって励ましてあげてください！そんな思いを伝えましょう。

	○年△組 学級だより
# 流れ星に願いを	□月☆日発行

◆昨日は七夕でした。毎年，梅雨明け直前頃のこの時期，天の川が見えるチャンスはなかなかないでしょう。なぜ昔の人はこんな梅雨の時期に七夕の日を決めたのでしょうか？

◆実は昔の暦は今の暦とは違っていたのです。だいたい今の8月初旬が昔の7月7日であったことが分かります。つまり，昔の人たちが見た七夕の星空はあと1か月後の星空なのです。来月の登校日あたりにはすっかり梅雨は明けているでしょう。その時に改めて天の川を見上げ，星に願いを伝えるのもいいかもしれませんね。

◆さて，願い事の話です。よくこんなことを聞いたことはありませんか？「流れ星を見たらその姿が消えるまでに願い事を3回言えたらその願いは叶う」と。これは単なる迷信だと思いますか？それともかなり信用できる話だと思いますか？

◆実はこれは「本当」だそうです。その理由はこうです。流れ星が消えるまでの時間はせいぜい2～3秒でしょう。その間に例えば自分の夢である「プロ野球選手」を3回繰り返すことは可能でしょうか？かなり難しいですが，不可能ではありませんね。しかしそのためには「流れ星が見えたらすぐに3回繰り返して自分の夢が言える」準備が必要です。そのような人はおそらく全生活を「プロ野球選手」のためにつぎ込んでいる人に違いありません。つまり熱く願って，全ての時間をその夢の実現のために活かしているということなのです。もちろん，実現の可能性が100％という訳ではないでしょう。でもこの話は，「全ての行動を夢の実現のために活かす」ことができればその実現は夢ではなくなるということを示唆しているといえるでしょう。七夕を過ぎても熱く願い続けられる「夢」があるといいですね。

28 学級の土台をつくる
学習へのモチベーションを高める

😵 こんな時に……

　授業が中だるみしてきた時に。勉強というのは結果が出るまで時間を要します。つまりフィードバックに時間を要するため，どうしても中だるみして，手抜きが生じてしまいます。これはある意味仕方ないことなのかもしれません。でも，そのような時こそ，「自分は何のために勉強するのか？」という問いに明確な答えをもつことで，モチベーションを高めていきましょう。

♥ 子どもへの指導の意図

　中だるみして手抜きが生じる時は，明確な目標をもち，同時に「自分は必要とされている」という実感をもたせることが有効だと言われています。確かに今やっている勉強の結果が出るのは遠い未来かもしれませんが，その未来には誰もが「誰かを幸せにしたい」と思うはずです。そう信じて教師は堂々と今目の前の子どもたちに授業をしていきましょう。そして子どもたちには「今一生懸命やっていることがきっと誰かを幸せにするんだよ。」と伝えていきたいものです。

◆ 保護者に伝えたいポイント

　「誰かを幸せにするために勉強する。」という考えは多くの保護者に認めてもらえるはずです。もちろん中には「自分のためだけでよい」という考えもあるでしょうが，それを認めてしまえば学級という集団を育てることはできません。毎日繰り返される教育活動はきっとわが子が周りの人を大切にすることにつながりますよ，ご協力くださいというスタンスでお願いしてみるのもいいかもしれませんね。

勉強するのは人を幸せにするため

○年△組 学級だより
□月☆日発行

◆9月1日は児童会でした。私は自分の指導担当の教室に行き、1年生から6年生まで40名あまりの前に立ちました。チャイムが鳴り、班長が1年生を連れてきて、いよいよ全員がそろったようです。私は最後に入ってきた1年生2人が席に着くのを待っていたのですが、なかなか座りません。どうやら椅子が1脚足りないようです。これではもう1人の友達が座れないので、2人とも立っていたのですね。

◆すると4年生の子は自分の席を譲り1年生の子を座らせたのです。するとそれを見ていた6年生が自分の席を4年生の子に譲りました。そしてそれを見ていた別の6年生がまたイスを譲り、自分は1年生の子と一緒に椅子に腰掛けました。

◆この間、わずか十数秒の出来事でしたが、とても温かい気持ちになりました。別の教室から椅子を持ち込もうかと思ったのですが、あえてやめておきました。6年生が仲良く1年生と腰掛けているのを見るのがとても微笑ましかったからです。その素敵な光景のことを教室にいた全員に話しました。教室全体がとっても温かい雰囲気になりました。

◆さりげなく自席を譲れた子たちは日頃からそのような気遣いを心掛けているのでしょう。そしてその後には、そのように他の人を思いやることの大切さを教えてくれるお家の人がいるのでしょう。学校でもそんな素敵な言動をたくさんの子どもたちと分け合っていきたいと思っています。

◆ある有名はお坊さんの言葉です。

もし子どもが何のために勉強するの？と聞いたら「自分以外の人を幸せにするためだよ。」と答えてあげてください。

おこがましいですが全く同感です。「人を幸せにすること」をやり甲斐だと感じられたらこんな素敵なことはないだろうなあと思います。

学級の土台をつくる

29 学級の土台をつくる
夏休み前に生活指導する

😖 こんな時に……

　夏休み前に規則的な生活の重要性を説明したい時。長期休業中は必然的に生活リズムは崩れます。仕方ないことでもあります。しかし，だからこそ指導のチャンスです。教師の手助けはなくても自分で生活リズムをコントロールできることを最高の目標に据えましょう。そして家庭に協力を求めましょう。夏休み直前はその絶好のチャンスです。

❤ 子どもへの指導の意図

　人生とは生活習慣の連続体であると言えるでしょう。良い人生を送るには，良い生活習慣を身につけることが大切です。また逆に悪い人生を送るには悪い生活習慣を身につけることだと逆説的に話すのも有効でしょう。習慣は身についてしまえばこんなに強いものはありませんが，断ち切るのも非常に難しいものです。良い習慣を身につけるのに大切なこと，それは自分の甘えに克つ「克己心」です。その心を身につけさせる絶好のチャンスであることを伝えましょう。そして夏休みの宿題もまた良い生活習慣をつけるために出されるのだとも伝えるとよいでしょう。

◆ 保護者に伝えたいポイント

　夏休みは家庭へ子どもたちを一旦返すわけですから，日々の生活習慣についての担任の考えを伝えるのは必須でしょう。この通信にある格言を拡大印刷して配付するのもよし，1日の生活スケジュール表を作成させるもよしですが，大切なことは大人が「人生は生活習慣の連続体」であることをどれだけ理解しているかです。そのことで妥協なく学校でも家庭でも指導しきることができるのです。

人生は生活習慣の連続体

○年△組
学級だより
□月☆日発行

◆次のような有名な格言があります。

　　　　心が変われば，　態度が変わる。
　　　　態度が変われば，行動が変わる。
　　　　行動が変われば，習慣が変わる。
　　　　習慣が変われば，人格が変わる。
　　　　人格が変われば，運命が変わる。
　　　　運命が変われば，人生が変わる。

◆この「心」とは「思考」と言い換えてもいいでしょう。考えを変えれば行動が変わるからです。逆に考えを変えなければ行動は変わるはずがないのですね。私たちはともすればうまくいかないことをすぐに他の人や環境のせいにしてしまいがちです。責任転嫁といいます。そんな「思考」では「自分の甘さを何とかしよう」などという行動を引き出すことはできません。よって責任を人のせいにばかりしている人の人生が良い方向に変わるはずがないのです。

◆しょっちゅう忘れ物や宿題忘れをする人，雑な仕事をする人というのは実は，悪い習慣が身についているのです。よって考えを改めて行動を変えない限り，またそのうちに同じ過ちを繰り返します。最終的にはいい加減な人生になってしまいます。

◆夏休みはそのような悪習慣を絶ち切るチャンスです。規則正しい生活を心がけましょう。誰かに言われてやるのではありません。自分でコントロールするのです。そうすれば「夏休みボケ」などなしに2学期の学習にすっと移行できるはずです。どうぞ良い夏休みにしてくださいね。

30 子どもの成長を促す
運動会の練習に励ませる

😵 こんな時に……

2学期のはじめにモチベーションを上げたい時に。夏休み中に子どもたちの多くは生活リズムを大きく崩しています。そのような弛んだ状態をいち早く2学期の授業モードに戻していくこと＝リハビリが大切になります。2学期は運動会など様々な行事が目白押しです。しっかり準備させることを指導しましょう。

♥ 子どもへの指導の意図

子どもたちは「準備」という言葉を実に曖昧に理解しています。しかし，「準備」とは彼らが考えているほど決して甘いものではないのです。考えられる最悪の状況をも想定して備えるということだと指導しましょう。すると日々の子どもたちの生活の中でもなかなか十分な準備ができていないことに気づくはずです。机の上や中はどうなっているか？教室のロッカーはどうなっているか？2学期はそのような細かい指導をいれることから始めましょう。まずは身近な「準備」の指導から始めるのです。

♦ 保護者に伝えたいポイント

翌日の準備を朝起きてからやるという子がかなり多いことはありませんか？翌日の準備は前日にしっかり終える。そのような生活習慣の大切さを伝えていきましょう。できれば家に帰ってから寝るまでの生活リズムについて懇談などで話してみるとよいですね。

準備とは言い訳をしないこと

○年△組
学級だより
□月☆日発行

◆いよいよ2学期が始まりました。一日も早く学校生活モードに切り替え，行事が目白押しの2学期を乗り越えていきましょう。きっと色々な困難や成功や感動が待っていることでしょう。あと半年で卒業です。小学校生活最後の2学期を大いに楽しんで毎日成長し続けていきましょう。

◆2日からは運動会の練習が始まり，3日からは給食開始，全日授業となります。今年は5連休もあり，また天気の悪い日も続きそうで，運動会本番までの時間の少なさが心配されます。でも，それは2学期スタート前に既に分かっていることです。十分な準備をして，精一杯努力をした上で，最高の「作品」を作り上げていきましょう。

◆ある強豪陸上部では「てるてる坊主」は禁止だそうです。なぜか分かりますか？それは「てるてる坊主」には「雨よ降るな！雨に降られると困る。だから晴れてくれ。」という願いをこめるものだからです。しかし，そのような場合，雨が降った場合，実力を発揮できずに終わることになります。大切なことは「雨が降っても全力を出せる準備をしっかりして，確実に対応すること」なのです。

◆私たちは上手くいかないことがあると，何かと言い訳をしたがるものです。大人だってそうです。でも考えられる状況を事前に全て想定し，何が起こっても慌てずに対処すること。「準備」するとはそういう意味なのです。どうですか？今まで考えていた「準備」とは違いますね？これは簡単なことではありません。時間をかけてやるべきものです。慌ててやれば必ず雑になり，不十分な準備になってしまいます。9月26日の運動会は最高の舞台にしたいですね。明日から本番へ向けて，まずは確実な「準備」をしていきましょう。

31 子どもの成長を促す
ほめてクラスに覇気を取り戻す〜夏休み明け〜

😵 こんな時に……

いよいよ始まった2学期ですが，本来の授業モードに戻るまではしばらく時間がかかるものです。とはいえ，そのことを踏まえた上で，やはり「一日も早くスムーズな生活リズムに戻そう」という働きかけも必要です。このような時には子どもたちの素敵な姿を伝えていきたいものです。

♥ 子どもへの指導の意図

多くの子どもたちは夏休みボケで登校してきます。教師が思う以上に子どもたちには順応力がありますが，本来の学校生活のリズムに戻すには1週間は必要でしょう。そのような時に焦りは禁物です。ともすればダレている子どもたちを叱責してしまいがちですが，逆効果です。この後の9月崩壊，10月崩壊にも繋がりかねません。発想は逆でいきましょう。つまり，そんなしんどい時にも素晴らしい動きをしてくれる子が何人かはいるはずなのです。そういう子にスポットを当て，ガンガン通信などでほめていきましょう。きっと早い時期に子どもたちのペースは戻ることでしょう。

◆ 保護者に伝えたいポイント

まず子どもたちはモードが切り替わっていないこと，そしてそのために家庭でも「切り替え」の大切さをお話ししてほしいことを伝えましょう。夏休み明けに不登校になる子が多いと聞きます。叱るよりもほめて嬉しい気持ちで学校に送り出してもらえるようにお願いする。そのような願いを込めての通信になります。

夏休みでもボケていない子どもたちの素敵な姿

○年△組 学級だより
□月☆日発行

◆1日は始業式でした。全員元気に登校してくれました。それが何より嬉しかったです。また，黒板には次のように書いておきました。

今日は小学校生活最後の2学期のスタートです。始業式，児童会，大掃除で何を考えどう行動するか？見せてくださいね。

◆何せ40日余り，家で自由にしてきたのです。「あまり動けないだろうなあ」と思っていたのですが，何を何を。素晴らしい動きをしてくれる子がたくさんいました。

　　朝一番に階段掃除をしてくれた子。
　　配付物を誰にも言われずに配ってくれた子。
　　提出物を種類別に分けてくれた子。
　　プリント配りを丁寧に一声添えてできた子。
　　カレンダーを新しくしてくれた子。
　　私が言うまでもなく，良い意見には拍手ができた子。
　　朝自習の時に，静かに本を読んで待てた子。
　　マーチングの練習などに責任をもって参加した子。

◆特に始業式後の片づけに素早く動く姿は見ていてカッコ良かったです。次の状況を考え，的確に動く姿は見ていて胸がすくような気がします。人のために動ける人は，ただそれだけで多くの人を幸せな気持ちにします。

◆掃除時間の動きも1学期末のころを思わせるようなテキパキとした動きでした。1学期最後のころの力はあまり落ちていなかったようです。早いうちに学校生活のペースを取り戻せそうです。

◆考えてみればあと半年で卒業です。今毎日培っている力は，きっと中学校へ行っても役立つことでしょう。未来のために今目の前にある1分1秒を大切に全力投球で積み重ねていきましょう！

子どもの成長を促す

32 子どもの成長を促す
運動会や学習発表会など行事に向けて努力する

😨 こんな時に……

　長きにわたって練習を積み重ねていく時，どうしても子どもたちのモチベーションは下がってしまいます。「結果が出る」＝「フィードバックされる」のが遅くなる場合，モチベーションが下がるのは必然的なことでもあります。そこで，我々は一瞬の輝きのために長きにわたり努力すること，そしてその成功のためにあらゆる努力をして言い訳をしないことなどもあわせて伝えていきましょう。

♥ 子どもへの指導の意図

　夏休みボケもほどほどにいよいよ本格的な2学期の始まりです。ここで一気に授業モードにしてしまいましょう。とはいえ運動会などの演技指導の本番は1か月も後のことです。そこまでモチベーションを維持するのはなかなか難しいことです。そこで，子どもたちへの指導の意図をいくつか具体的に紹介します。なぜそんなに繰り返し同じことの練習をするのか？そこまでやる必要はどこにあるのか？それはあらゆる状況に備えて準備をするためだということ，そしてその結果は一瞬のうちに実を結ぶことを伝えます。この世の中にはそのようなことがたくさんあります。それは将来役立つ生き方というものでもあるのです。

◆ 保護者に伝えたいポイント

　保護者にとっても運動会などの大きな行事は最大の関心事です。普段見ることのできない練習過程での子どもたちの姿や教師の指導の意図を伝えます。そうすれば運動会本番の子どもたちの姿をより深く理解して見ていただけるはずです。本番の姿の裏にはどれだけの努力があったか？それを知ることで大人は感動するのです。

長期間積み重ねてきた努力は一瞬のうちに結実する

○年△組 学級だより
□月☆日発行

◆2学期が始まって2週間，ほぼ毎日，場合によっては休み時間も削っての運動会練習に明け暮れています。マーチングはもとより，係の仕事，応援団，開閉会式，選手宣誓など多くの仕事に6年生として参加してくれています。こうして期待されながら，上級生としての力を伸ばしていけるのがこの運動会という行事なのです。大いに頑張ってほしいと思います。

◆私はマーチングでは主にフラッグを担当しています。その技の中に「フライキャッチ」というのがあります。これはフラッグを手から離して放り上げて，キャッチするという少々難しい技です。風がなければそれほどでもないのですが，おそらく当日のお昼頃は，秋の風が吹く時間帯です。今までの経験上，無風だったことはありません。風向きも当日にならないと分かりません。そこでフラッグの面々には，「当日どんな風が吹いてもキャッチできるように練習しておきなさい。」と言っています。風がキツイ日は格好の練習日和です。風は同じ方向から吹いてきますが，自分が立つ方向を変えることで，あらゆる風向きに対応することができます。風はきつければきついほうがいい。そのような厳しい状況の中で練習しているからこそ，当日慌てずに済むのです。

◆「準備とはあらゆる事態に備えておくこと」だと以前にも書きました。これは何事にも言えることです。ピアニカ隊も鼓笛隊も指揮者も，それぞれ簡単にはクリアーできない課題を抱えています。それでよいのです。本番までの10日あまりで子どもたちはそれぞれに目の前の困難に立ち向かっていくでしょう。そうして全力で準備し，結果はどうあれ本番を乗り切った時に，それはこれからの人生の中で必ず生きていくかけがえのない経験となることでしょう。100人を超える仲間と力を合わせ何かをやり遂げることなど，一生の中では数回しかないチャンスなのです。1か月にわたって積み重ねてきた努力は一瞬のうちに結実するのです。

33 子どもの成長を促す
子どもたちの偏見をなくす

😖 こんな時に……

友達に対する固定観念による仲違いが目立つ時に。2学期もペースに乗り始めると，当然人間関係での摩擦も大きく目立つようになります。それらを完全に放置しておくと，子どもたちの間に固定観念（「あの子はああいう子だ」的な決めつけた考えや見方）が定着し始めます。そこで，固定観念は起きて当たり前，でもそれらにコントロールされるとよくない事態が起きるであろうことはしっかり指導しておく必要があります。

❤ 子どもへの指導の意図

人はどんな物事に対しても，完璧な情報を得て全てを見通すことなどできるはずがありません。限られた情報をもとに何らかの判断を下します。それが人とのコミュニケーションに支障をきたさなければいいのですが，少なからず人間関係のもつれなどを引き起こしてしまうことがあります。今回はバナナの実験やお話をもとに，人がいかに固定観念に左右され，時として差別的な言動をしてしまうかについて理解してもらいましょう。当然，この話のあとも様々なトラブルは予想されますが，「あの時のバナナの話，覚えてる？」と，自分たちの言動を振り返るきっかけになってくれたらいいですね。

♦ 保護者に伝えたいポイント

わが子の人間関係のトラブルに心配をしない親はいません。しかし，「トラブルはこのような心理的な理由で起こるものだ」という話をあらかじめしておくことで，もしそのような事態にわが子が巻き込まれても「ああ，先生のしていたあのお話のシチュエーションだわ」と思ってもらえれば落ち着いてその後の対応策を講じることができます。

バナナは黄色いか？

○年△組
学級だより
□月☆日発行

◆道徳の時間です。子どもたちに「『バナナ』の絵を描いてみてください。」と言いました。数分間子どもたちは様々なバナナを描きました。房になっているもの，１本だけの物，淡い黄色のもの，濃い黄色のもの……。ここで私は鞄から１本のバナナを取り出しました。コンビニエンスストアで買った１本のバナナです。これを最前列の何人かの子に見てもらいました。そして，「何色が見えますか？」と問いました。すると，黄色の他にも，茶色，黒色，緑色，黄緑色などが見えると答えてくれました。

◆子どもたちは何の迷いもなく自分のイメージしたバナナを描いてくれましたが，私の持っていたバナナと同じような絵は１つもありませんでした。「バナナは房になっていて，たいがい黄色い」というイメージは全員共通ですが，正確な形や色は実物を見なければ分かり得ないのです。

◆これと似たようなことが私たちの生活でもたくさん起こっています。例えば「○○君は～な子だ。」とか「△△さんは～なことをしたらしいよ。」などの流言を鵜呑みにすることです。実際にその人に会ったこともないのに，そのような言葉を頭から信じ込んで疑おうとはしない。それだけで済むならまだしも，たいがいそのような「信じ込み」は相手に対する偏見となり，悪口，陰口，そしてトラブルへと発展します。実際に出会って話をすれば解決することが多いです。でも「思い込み」はそのような解決を難しくしてしまいます。恐ろしいことでもあります。

◆「あなたたちは今横にいる友達が生まれた時に，どれだけの人が誕生を喜び，その後どれだけ愛情を注いでこられたか知っていますか？お家の方にその時の話を聞いたことがありますか？どの子も一人残らず祝福されて生まれてきたのです。そして大切に育てられて今があるのです。どの友達にもそのような人生，歴史があったことを忘れてはなりません。」そのように話しました。

子どもの成長を促す

34 子どもの成長を促す
いじめをなくす

😖 こんな時に……

「いじめは許さない」ことを指導した後にさらに本指導を行う。子どもたちに対して「いじめは許されない。してはならない」という指導は当然必要です。しかし，その一方で「いじめになど負けるな！自分が強くなれ！」というメッセージも送りましょう。

♥ 子どもへの指導の意図

これから生きていく人生の中で，子どもたちがいじめられるような状況を完全に避けて通れるかといえば，残念ながらそうではありません。大人の世界でも往々にして「いじめ」まがいの事象はあるのです。そこで，まずは自分が自分の足で立ち続けなくてはなりません。

いじめに加担するような卑怯な人間にはなるな！そして同時にいじめの矛先が自分に向いた時に，しっかり受け止めて反撃できるだけの精神的強さをもて！そう指導しましょう。

◆ 保護者に伝えたいポイント

わが子がいじめを受けないかについて無関心な親などいません。担任はいじめを起こさないように全力を傾注していくという決意を保護者にも子どもにも示す必要があります。しかし，同時に「いじめはどんなに根絶したと思ってもなかなかなくなるものではないこと」も伝える必要があります。そして「いじめに簡単には負けない逞しさも必要である」ことも伝えましょう。いじめなど，吹き飛ばして堂々と生きていける。そのような逞しさを身につけるのもまた学校という場であることを伝えるのです。

いじめに負けるな，まずは自分が強くなれ！

○年△組 学級だより
□月☆日発行

◆人を幸せにするために生きている。勉強している。それって素敵なことだと以前にも書きました。だれだって誰かの役に立つような仕事をしたいと考えています。でも目の前の困難や忙しさに心が折れそうになることもあります。「人の役に立つどころの話ではない。まずは自分のことで精一杯……。」そんな逆境に出会うことも，長い人生ではよくあることです。

◆しかしそんな時，「こんなことごときに負けてたまるか！必ず乗り越えてやる！」と前向きに困難に立ち向かえる力があるといいですね。自ら困難に挑んでいく気持ち＝チャレンジ精神を，もつことです。日頃からどんな小さな困難（たとえば「面倒くさいなあ」，「引き受けるとしんどそうやなあ」と思えること）に進んで立ち向かっていけばいいのです。そのような経験がいざ大きな困難に出会った時に自分を支えてくれる確かで大きな力となるのです。そうして気がつくとちょっとやそっとの困難にはめげない逞しい力が身についていることに気づくでしょう。

◆強い人とそうでない人の決定的な違いは何か？それは困難を困難と思うか，思わないかの違いです。いわば「強さ」とは困難を「自分を強くしてくれるチャンスだ」と考えられる能力のことであるといえるでしょう。

◆このクラスにもそんな「強さ」を身につけようと頑張っている人がたくさんいます。
　　自分が答えられる時には必ず挙手して意思表示する子。
　　クラスの仕事を率先して引き受けてくれる子。
　　運動会で，チームのムードを高める難しい仕事に自ら立候補する子。
　　体調の悪そうな子に「大丈夫？」と心配してあげられる子。
間違いなくこのクラスを「良いクラス」にしたいと思い，行動している子の姿です。このムードがクラス全体に広がっていくと素敵ですね。

35 子どもの成長を促す
いじめをなくす

😖 こんな時に……

いじめについて子どもたちに指導したくとも,「いじめはするな！」と何百回叫んでも訴えてもいじめは簡単にはなくなりません。ではどうするのか？実はいじめを生みやすい雰囲気を教師も子どもも普段から許してしまっているものなのです。そのことに気づいてもらい，日々の言動を振り返っていくこと。それがいじめに対する一つのアプローチになるのです。

♥ 子どもへの指導の意図

ここでは「社会的手抜き」（リンゲルマン効果）というものの存在についてレクチャーします。「傍観者効果」とも呼ばれるもので,「自分がやらなくてもきっと誰かがやってくれるだろう」という心理状態のことです。この心理状態が蔓延すると「いじめられている子がいても自分には関係ない」というムードが醸造されていきます。いじめでは傍観者の存在が大きな問題だからです。そして「できるのにしない」言動がこの社会的手抜きにあたること，そのようなクラスにはいついじめが発生してもおかしくはないことを伝えるのです。

◆ 保護者に伝えたいポイント

当たり前のことをきっちりやるクラスにはいじめが起こりにくい，故に教師は厳しく指導しているのだという意図を伝えましょう。このロジックには多くの保護者が賛同してくれるはずです。「この先生はただいたずらに厳しいだけではないのね」と理解してもらえたら，実に学級経営はやりやすくなります。

全力投球するクラスにいじめは起きにくい

○年△組 学級だより
□月☆日発行

◆心理学のある研究で「社会的手抜き」という考え方があります。これは簡単に言うと「人は集団になると手抜きをしてしまう」というものです。これは自然に必然に起こることだそうです。

◆例えば，大きくて重い荷物を一人で運ぶ時，力は抜くわけにはいきません。しかし，これが数人で運ぶとなると，全力を出さなくても，他の誰かが力を出すだろうという心理が働き，自然と手抜きをするのです。

◆アメリカで実際にあった話ですが，あるアパートの住人が自宅前の路上で強盗に襲われました。その時，30人以上のアパートの住人がその騒ぎに気づきながら誰一人としてその被害者を助けることはなかったそうです。この事件は大きな反響を呼びました。そして助けなかった住人達に非難の声が集まりました。当然と言えば当然ですね。何せ同じアパートの住人を見殺しにしたのですから。こんな残酷なことはありません。何と冷たい住人達だ！という怒りを買ったのですね。

◆ところがある一人の学者が次のような仮説を立てました。「住人達は見殺しにしたのではない。その事件に気づいていたからこそ，自分以外の誰かが助けを呼ぶだろうと思って何もしなかったのではないか？」いわゆる「傍観者効果」と呼ばれるものです。これもまた「社会的手抜き」の典型例としてよく紹介される話だそうです。

◆良いクラスを作るにはこのような「社会的手抜き」や「傍観者効果」を否定し，克服していかねばなりません。いじめの深刻化も「傍観者効果」が一つの原因であることは否定できないでしょう。

◆授業中に積極的に発言する。学級の仕事は率先して引き受ける。気持ちのよい挨拶や返事をする。そのような当たり前のことを当たり前にすることが，良いクラスを作る第一歩なのです。誰もが全力で課題に取り組む。そのようなムードを創り上げていきましょう。

子どもの成長を促す

36 子どもの成長を促す
いじめをなくす

😖 こんな時に……

　先には「他人事意識はいじめを生む温床となりうる」ことを書きましたが，今回は，さらにいじめを許さない雰囲気づくりのために「たたみかける」内容です。

♥ 子どもへの指導の意図

　先には社会的手抜きについてレクチャーする内容を紹介しましたが，今回はさらにそれを強化する内容です。子どもたちに「このクラスはどちらを目指すのか？」をハッキリさせ，その上で自分の体験談を紹介します。これは大人でもそうですが，公衆の面前で人助けをするには勇気と度胸が要ります。リンゲルマン効果が見事に具現されている状況だからです。その一種「催眠状態」にも似た羞恥心を打破するのは勇気と度胸なのです。ですからまず教師は範を垂れることのできる人間であることが大切なのです。ここでは自分の「人助け」の実体験を紹介します。子どもたちには大きな説得材料となります。

◆ 保護者に伝えたいポイント

　口先で偉そうなことを言っているだけでは人はついてきません。自分が実際にやっているからこそ周りの人は動くのです。この通信で担任教師が実際に人助けをした実体験を紹介することは，保護者に「この先生は口先だけではないなあ」という思いを抱いてもらえることにつながるでしょう。もし人助けの体験がない教師がいるのなら，それは人の前に立つ資格はないだけの話です。少なくとも「いじめをなくそう」などと偉そうに宣う資格はありません。教師が範を示しましょう。

一番最初に動く勇気をもて！

○年△組
学級だより
□月☆日発行

◆以前に「社会的手抜き」の話をしました。この場合の社会とは，人間がある程度集まった状態＝群衆のことを指します。群衆とは「群れ」のことですから，何か共通の目的があって集まっているのではありません。たまたまそこに居合わせただけのことです。なるほど，そのような全く面識のない人ばかりの中で，一人行動を起こすのはなかなか難しいことでしょうね。

◆しかし，このクラスは「群れ」ではありません。「1年間で良いクラスを作っていこう！」という共通の目標をもった意識的，目的的集団です。そのような志をもったメンバーが「誰かがやるだろうから，見て見ぬふりをしよう」などと考えていては，「良いクラス」は作れません。

◆このクラスのみなさんはいずれ社会へ出て行くことになります。いろんな場所で，勇気をもって行動しなければならない時がきっと来るはずです。その時に悔いなく動けるように，まずはこのクラスで積極的に行動するトレーニングをしておくのです。特別なことでなくていいのです。挨拶や返事などをきっちりする。答えられる時には必ず挙手する。仕事は率先して引き受ける。そんなささやかなことでいいのです。

◆今から10年前，私はある商店街で倒れている男性を見つけました。私の他にも何十人もの人が遠巻きに見ていましたが，誰も助けようとはしませんでした。まさに「傍観者効果」なのでしょう。しかし，私が駆け寄って周囲の人たちに協力を求めると，一気に十数人もの人たちが手を貸してくれました。誰もが動かない時にまずは一歩動き出す勇気を発揮すれば，他の人たちも動いてくれるのです。その一歩を踏み出す勇気を自身が持ち続けたいと思っています。人間は弱いものです。でもだからこそ，仲間がいて力を貸してくれる。そして勇気をくれる。だから私たちは仲間とともに学びあうのではないでしょうか。

37 子どもの成長を促す
いじめをなくす

😖 こんな時に……
　今回はどちらかというと保護者向けに説明した図を掲載しています。もちろん子どもたちにも示して現時点での自分たちの状態を把握させましょう。そこから新しい学級づくりは始まります。

❤ 子どもへの指導の意図
　子どもたちには「学校へは日々成長するために来ているのだ」ということを認識させます。その上で成長しているのならどのような言動が減り逆にどのような言動が増えるのか説明します。今回は成長にともない「見て見ぬふり」の言動が減っていくことを伝えています。こうして子どもたちと日々の言動を振り返るきっかけを作っていきましょう。もし気になる事象があれば，「ちょっと待って！それってクラスが成長していることに繋がるのか？」と攻めの姿勢で臨めます。

◆ 保護者に伝えたいポイント
　このグラフは成長論を語る上で非常に説得力があります。担任教師が日頃からどのようなことに留意して何を指導しているのかを理解してもらいましょう。

学校へは成長するために来る

○年△組 学級だより
□月☆日発行

◆次のグラフを見てください。

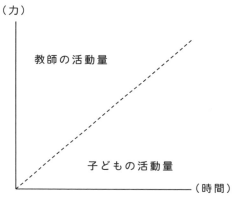

◆子どもたちが成長しているなら，時間の経過とともに教師の活動量は減り，子どもたちの活動量が増えるというものです。ここに最近紹介している「社会的手抜き」という考えを当てはめてみます。すると次のような考えが成り立つことに気づきました。

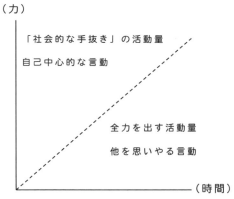

◆つまり，学級集団が成長しているのなら，見て見ぬふりをしたり，いい加減なことをしたりするということは減っていくことを示しているのです。

子どもの成長を促す

子どもの成長を促す

感謝の気持ちを育てる

😖 こんな時に……

　子どもたちはその日を生きるのに精一杯です。ですからどうしても自己中心的な言動が目立ってしまうのです。しかし，実はその精一杯にわがままに生きていられるのは多くの人の支えがあってこそなのだと理解した時に人は言動を変えることができるのです。

💗 子どもへの指導の意図

　おそらく全国の学校では「落とし物」がなくならないはずです。そればかりかそれらを取りに来る子もいない，持ち主不明の落とし物がたくさんあるのが実情ではないでしょうか？物が溢れるほど豊かなこの時代には致し方ないことなのかもしれません。しかし，そんな時勢だからこそ，「見えないものに思いを寄せられる」感性を育てましょう。今回の話はそのきっかけになるはずです。物を粗末に扱うようなことがあったらこの話に立ち戻ってみましょう。「今のあなたには何が見えますか？」と。

◆ 保護者に伝えたいポイント

　子どもたちは今日という日まで自分一人で大きくなったと勘違いしていますから，そうではないということを学校では指導していることをアピールします。「特にご両親から受けた愛情はあまりに大きすぎて当たり前に感じて分からない」とも話します。空気や水があまりに当たり前であるのと同様に。そしてそのありがたさを実感するのはそれを失ってからなのです。そのようなことを指導して保護者には伝えたいものです。

あなたには何が見えるか？

○年△組 学級だより
□月☆日発行

◆一人の子を前に立たせて他の子に次のように問いました。「何が見えますか？」と。もちろん「○○君」という答えは出るのですが，当然ここはそのような答えだけでは不十分です。すると何人かの子が次のように言いました。「○○君のお家の人。」そうですね。今ここにいる全ての人の後ろにはその人を今日まで慈しんで育ててこられたお家の人をはじめ，たくさんの人がいるのです。そういう人たちの姿を感じ取れるか。それは人間としてとても大切な感性だと思っています。大切なものは見えないのですね。

◆「私にはみなさんを見ているといろんなものが見えます。例えば，みなさんが着ている服です。それ，自分で洗濯したのですか？違いますよね。」などと，日常生活場面について聞いていきます。
「ところで，もうすぐ運動会だね。26日か！ではお家の人は何を考えていると思う？」こう聞くと「お弁当かな？」と答えてくれた子がいました。

◆「そうですね。お家の人は，みなさんの演じる競技をもちろん楽しみにしておられます。でもね。どんなお弁当にしようかな？どんなだったら喜んでもらえるかな？それ食べて頑張ってくれるかな？今からきっとそんなことを考えておられるのですよ。」そう話しました。

◆「ところで，今日も元気に過ごせることについて，お家の人に感謝の気持ちは伝えましたか？そうですね。直接は恥ずかしくてなかなか言えないことでしょうね。だから『いただきます』や『ごちそうさま』や『いってきます』や『おやすみなさい』をしっかり言うことです。そして一番の親孝行は，一日一生懸命勉強して遊んで元気に帰ることです。『ただいま！』ってね。」

◆私にも反抗期という時期がありました。いわゆる「自分一人でその年まで大きくなった」と勘違いする時期なのです。若者に「勘違い」はあって自然です。でも心の片隅に「感謝」の気持ちを忘れないでくださいね。

39 子どもの成長を促す

宿題をいいかげんにさせない

😵 こんな時に……

　いい加減な宿題が増えてきた時に。中だるみの時期には宿題が乱雑になったり，宿題忘れが増えたりします。個人的に指導することももちろん大切ですが，クラス全体に指導することも大切です。そんな時に役立つ決めゼリフです。

♥ 子どもへの指導の意図

　宿題をめぐる考えにはいろいろありますが，私は漢字ノートのみ毎日宿題に課しています。意図は単に漢字の学習をさせるだけではありません。まずは提出期限を守る態度を身につけさせることを意図しています。そしてもう一つ，時間を管理する力です。この2つ（不可分ではありますが）の力を身につければこれから中学へ進学しても社会に出ても困らないからです。逆にこれらができていないと生きていく上で何らかの支障を生じかねません。決して大げさなことではありません。このようなことを当たり前にできるようにする。それが義務教育に求められる使命であると考えています。

◆ 保護者に伝えたいポイント

　低学年なら宿題ができていない子の保護者に「一緒にやってもらえますか？」などとお願いするのもいいでしょう。でも中学年以上ならやはり自分で時間を管理してきっちり提出する「自立力」を求めていることを伝えましょう。ただ単に漢字の学習を家でさせているのではないということをです。（個人的には学習内容は学校で習得させるのが基本であると考えています。どちらかというと宿題不要論者です。しかし，宿題ゼロとなると保護者から不安の声があがります。ですから，最小限の宿題を出しているのです。ただし出す限りはそのことに教育的意義を付加させる必要があります。）

宿題から見える様々な力

○年△組
学級だより
□月☆日発行

◆宿題として，毎日漢字ノートを出しています。私が８時頃教室に上がると，提出されているノートに丸付けを始めていきます。継続してほしいです。
◆当たり前のように前に提出されているノートですが，この「当たり前」のことができる子には次の力が備わっていると考えられます。

締め切りを守る力

　締め切りは提出された側（宿題の場合は土作）にとって「新しい仕事の始まり」となります。ですから，後で提出されると再び時間を割いて丸付けをしなければならなくなります。私は担任ですので，その位のことはあまり気にならないのですが，将来中学校に進み，社会に出た時に多くの人に迷惑をかけることになります。ですからそのことはきっちり教えなければなりません。

◆また宿題を丁寧にやっている子には次の力が備わっています。

時間管理能力

　丁寧なノートを仕上げるには少なくとも20分は必要です。短時間で雑にやったノートはすぐに分かります。ひどい時はやり直しをしてもらっています。なぜなら，たとえ５分でもその時間はかけがえのない人生だからです。人生を使って雑な仕事をするというのは，人生＝命を粗末にすることと同じです。それではいけません。大切な時間を大切に使ってほしいと願っています。

　また，丁寧に仕上げるには，時間に余裕をもって宿題に取りかからなくてはいけません。遊びやテレビやゲームを優先させてしまい，やむなく短時間で雑に仕上げてしまうのは，要するに「大事なことを大事にする」ことができていないのです。優先順位を間違えているのです。丁寧さは人から信頼を得ることができるのです。

子どもの成長を促す

40 子どもの成長を促す
他人への気遣いを教える

😖 こんな時に……

忙しい中にでも他の人のことを思った行動をしてほしい時に。忙しい時人は，字の如く「心を失い」どうしてもギスギスしてしまいがちです。余裕のない状態では人のことを思いやることはなかなかできないものです。でもだからこそ，子どもたちには心に余裕のもてる優しい人になってほしいと思います。

♥ 子どもへの指導の意図

秋は何かと忙しく，心に余裕をなくす時でもあります。運動会や学習発表会などのストレスに抑圧され，それらが終わるや否や解放感からコントロールを失った言動に走ってしまう。いわゆる9月崩壊，10月崩壊と呼ばれる事態です。このような時には子どもたちの悪い所に目がいきがちですが，実はキラリと輝く行為をしてくれている子どもたちもまた確実に存在するのも事実です。そのような行為をデジカメに収めて子どもたちの前で紹介しましょう。できるだけこまめに。これらのきめ細やかなフィードバックが子どもたちを確実に成長させていくのです。

♦ 保護者に伝えたいポイント

子どもたちが忙しい中でも他の人のことを気遣った行為をしていることを伝えましょう。親にとっては，自分の子が誰かに施しを受けていることももちろん嬉しいものですが，逆に誰かに施している姿を見ることほど嬉しいことはないのです。これらの事実もこまめに伝えていきたいですね。

忙しい時にこそ人間の心は行動に表れる	○年△組 学級だより □月☆日発行

- ◆毎日忙しくて，何かと自分のことで精一杯の時間が過ぎていきます。しかしこういう時こそ他の人を思いやる力を発揮するチャンスでもあります。このクラスにもそういう素晴らしい人たちがたくさんいます。ほんの一例を紹介します。
- ◆16日の全体練習の後に，放送機器や，全体練習で使った道具を最後まで残って片づけてくれている子がいました。全体練習が終わって「解散」といわれた時，我先にと自分の学級へ帰るのか？それとも周りを見わたして何か自分にできることはないか探してみるのか？どちらの方が高学年として格好いいでしょうか？
- ◆算数の授業が終わり，プリントを前に出している時のことです。ともすれば無造作に提出されたプリントの山ができるものですが，ある子は自分のプリントを提出した後も友達のプリントを受け取り，丁寧にそろえてくれています。格好いいですね。
- ◆この世には様々な物事があります。でもその物事というのはそれ以上，それ以下でもありません。ですが，その物事に対し，どのような考えをもつかは人それぞれです。そして「自分だけでなく他の人も幸せにしたい」と考える人はこのような行為を「格好いい！」と感じられるのでしょうね。そしてだれからもほめられもしないけど不平は言わない。見返りを求めないその姿勢は実に格好いいとは思いませんか？こう感じる力のことを「感性」といいます。そしてそのような「感性」を持ち合わせている人だけが格好いい人間になっていけるのです。たくさんの友達の素晴らしい姿から学び，良い感性を持ち合わせたいものですね。

41 子どもの成長を促す
見返りを求めぬ態度を養う

😖 こんな時に……

　他の人を施すということは自分が施しを受けているのだという価値観の転換を図りたい時に。大人ですら，ともすれば他の人のために施すことを「してあげている」，「せめて何らかの見返りがほしい」と思ってしまうものです。しかし，実は誰かのために動いた結果，大きな力を頂いているのは自分の方であったということがよくあるものです。

♥ 子どもへの指導の意図

　子どもたちなら，下学年の子や，お年寄りのお世話をした時に「何か良いことをしてあげた」などと思うことがあっても致し方ないことです。まずは純粋に「～してあげる」という思いがあるからこそそのような言動をするのでしょうから。しかし，実はそのようなことをするなかで，自分自身が相手から大きな力をもらっているということがままあるものです。そのことに気づかせてくれる本が『左手一本のシュート』というお話です。病気で半身不随になった田中君を支えてきた古川先生の一言は実に深いですね。このお話を通じて，人を助けるという行為についてじっくり考えてみるのもいいですね。

◆ 保護者に伝えたいポイント

　保護者もまた，誰かに施すということは単に立場の弱い人へ施すだけのことだと思っているかもしれませんね。しかし，このような考えを示すことで，学校でのボランティア活動などにより深い理解をいただけるようになるかもしれません。ぜひ紹介していただきたいお話です。

「してあげる」のではなく「いただく」のだ

〇年△組 学級だより
□月☆日発行

◆16日のマーチングの練習前にある映像を見ました。これは以前あるドキュメント番組で放映されたものです。未来を嘱望された高校1年生のバスケットボールの選手が，病気のために右半身不随となりながらも，懸命のリハビリでインターハイ予選のコートに復帰し，左手1本でシュートを決めたという実話です。

◆彼は脳にダメージを受けており，身体接触のあるバスケットボールの練習には参加できませんでしたが，応援やアドバイス，水くみや見学者の椅子出しなどの雑務を率先して続けたそうです。そんな彼を見て，監督さんや仲間がどうしても試合に出してあげたい，できるならシュートを一本決めさせてあげたいという思いで心を一つにし，見事インターハイ予選を優勝したのです。

◆このお話は本になっています。小学館から出版されています。この中で監督だった古川先生が次のように言われていました。「正幸（シュートを決めた少年）のために何かしようと思っていたのですが，逆に私たちが正幸から力をもらっていたことに気づきました。」

◆「何かしてあげる」という考えそのものは純粋で素晴らしいことだと思います。しかし，施したと思っていた相手から逆に力をもらっていたということが少なくありません。私にも経験があります。人のために動くというのは実は自分に返ってくるというのは実はそういうことなのかもしれませんね。

【参考文献】島沢　優子著『左手一本のシュート』（小学館）

42 子どもの成長を促す
運動会に向けて士気を高める

😖 こんな時に……

　子どもたちは日々を漫然と生きています。あるいは大人の多くもそうなのかもしれませんね。しかし，目標の達成に成功している人たちの多くは，実に具体的に計画的に毎日を過ごしていることは昨今のビジネス書などを読んでいると伝わってくる事実です。少しでも子どもたちに計画的な生活の重要性を分かってもらえるといいですね。

♥ 子どもへの指導の意図

　2015年のラグビーワールドカップの日本代表の大躍進はこれからも語り継がれていくことでしょう。ラグビーを知らない多くの人たちは，日本代表が急に強くなったのだと思っています。しかし，毎回毎回惜しい試合を続け，2大会連続でカナダと引き分けた末に南アフリカに勝利を収めたことはあまり知られていません。エディー監督が4年後を狙い，実に具体的に厳しい練習を積み重ねてきた末の必然的な結果なのだと五郎丸選手は言いたかったのでしょう。そのような世界があることを子どもたちに伝えておきたいですね。

◆ 保護者に伝えたいポイント

　勉強もまた具体的に計画的に進めていかないと効果は出ないことを伝えたいですね。特に受験レベルになると，会場を下見したり，宿泊先のホテルに事前に泊まってみたりなどの涙ぐましい努力があるそうです。でもそれらもまた，ラグビー日本代表の勝利と関連性があると考えられます。その意味でとても説得力のあるお話だと思います。

奇跡などない，あるのは必然だけ

○年△組
学級だより
□月☆日発行

◆ラグビーW杯で日本が南アフリカを破る大金星をあげました。40年近くラグビーをやってきて，本当に嬉しい瞬間でした。当初私は「10年前なら100点取られて負ける相手。40点以内に抑えられたら大健闘」と見ていました。しかしその予想は見事に外れました！

◆一人で24点を得点した名キッカー五郎丸選手は「勝ったのは必然です。」と言い放ちました。なぜなら日本は世界一厳しい練習に4年間耐えてきたからです。エディーHCは「オーストラリア代表（世界ランキング2位）の選手なら4日ともたない練習を日本の選手は5か月間耐え抜いた。」と言います。しかしそのエディーHCですら「信じられない。」を連発するほどでした。つまり指導者を選手達が超えた瞬間でもあるのです。

◆徹底的に弱点をえぐり出し，どのようにすれば南アフリカに勝てるかを考えて4年間やってきた。それでも日本が南アフリカに勝つことはだれも予想しなかったことでした。しかしそれをやってのけた選手達の存在が奇跡であり，ただし，彼らが出した結果は必然だったのです。

◆私はこの試合を見て「不可能なんて人間が決めつけることなんだなあ」と思い，自分自身が恥ずかしくなりました。そして今という時間を精一杯生きていかねばならないと思いました。日本中の多くの人たちがそう思ったと思います。

◆まもなく運動会です。今年は日程も天候も厳しいですね。でもそれらは初めから予想されたこと。言い訳にしてはなりません。諦めずに頑張っていきましょう！本番でどれだけ力を発揮できるかは，どれだけの努力をしたかの自信によって決まります。あと2日間ですが，最後まで練習を重ねていきましょう。

子どもの成長を促す

43 子どもの成長を促す
学習を振り返り自信を築く

😖 こんな時に……

運動会が終わって大きな目的がなくなってしまうと一気に緩み，いわゆる9月・10月崩壊を引き起こしかねません。それは子どもたちにとって運動会そのものが最終目的化しているからです。実は運動会は1年間の通過点に過ぎないことをしっかり教えましょう。

♥ 子どもへの指導の意図

運動会はあくまで1年間の通過点であるべきです。そして，運動会で身につけた力を明日からの学校生活に繋げていく必要があります。とはいえ，それがどういうことなのかは子どもたちだけでなく，教師でもはっきりイメージできていないものです。そこで，「運動会で身につけた力は何か？」を明確に認知させ，それが続く様々な行事や学校生活の中でどのように生きてくるのかをイメージさせる必要があります。そこで子どもたちの方から出された「集中力」や「我慢力」などの言葉を，学習発表会や修学旅行の直前に思い出させましょう。そしてそれらの力が発揮されたのなら具体的に自分たちはどのような姿になるのかをイメージさせましょう。そうすれば行事・学校生活が連続性を持つことになります。

◆ 保護者に伝えたいポイント

まずは運動会での頑張りを讃えましょう。そしてそれが次の行事・学校生活に繋がるので，参観日などにはそこを見ていてほしいということを伝えられるといいですね。特に6年生の場合，最終的な仕上がりは卒業式ということになるのです。

運動会を終えて身についた力は？	○年△組 学級だより □月☆日発行

- ◆26日に予定通り運動会が終了しました。好天に恵まれ，秋のさわやかな気候の中，子どもたちは力一杯頑張ってくれたと思います。
- ◆メインは何と言ってもマーチングです。6月から準備を始めて3ヶ月，わずか10数分の演技のために労力をかけて練習してきました。それでも天候や連休の関係で例年より練習時間は短く，全体練習ができたのが本番1週間前，しかも前日までは3回程度しか「通し稽古」はできていない状況でした。私はフラッグ担当でしたが，全ての動きを完全に決定し，微調整が済んだのは何と当日の朝でした。いかに練習時間が少なかったかお分かりいただけるかと思います。この学校で6年生を担任するのは5回目ですが，こんなに絶対的に練習時間が短いのは初めてでした。
- ◆それでも本番は例年と遜色ない演技を見せてくれました。演技が終わり，「解散！」の号令とともに片づけ，余韻に浸る暇もなく，すぐに係の仕事へ戻っていく姿はとてもカッコ良かったです。
- ◆さて，この運動会で身につけた力はなんでしょうか？早速子どもたちに聞いてみたいのですが，おそらく「我慢する力」や「集中力」，「協力する力」などが子どもたちの意見として出されることでしょう。子どもたちは運動会そのものを最終目的化してはいないと思います。それは競技や演技の間の動きから察しがつきました。責任をもって係の仕事をやり遂げる姿や，片づけに自ら進んで取り組む姿勢です。これは閉会式に校長先生もほめてくださったのですが，子どもたちが運動会という行事を通じて人間的にも成長しつつある証だと思っています。この頑張りを修学旅行，学習発表会，マラソン大会，卒業式に繋げていってほしいと思います。そうして半年後，胸を張って卒業してほしいと思います。ゴールはまだ先です。気を引き締めて子どもたちとともに進んでいきたいと思います。ご声援ありがとうございました。

44 子どもの成長を促す
感謝の気持ちを養う〜お家の人へ〜

😫 こんな時に……

　運動会や遠足でお弁当を作ってもらった時に。子どもたちにとってお弁当の日というのは格別な楽しみの日です。しかし，お弁当を作るのがどれだけ手間のかかることなのかは，子どもたちは理解していません。このような機会に，自分たちは愛され，支えられているのだということを理解させましょう。

♥ 子どもへの指導の意図

　色とりどりのお弁当箱，華やかなおかずにキャラ弁など，子どもたちのお弁当箱を見ていると，お家の人の子どもたちへの愛情が伝わってくるようです。子どもたちは満面の笑みで友達と楽しくお弁当を食べています。このような時は，子どもたちに自分がどれだけ大切にされているかを理解させるチャンスです。そのお弁当にかかった労力やお家の人の思いなどに思いを寄せられるような人になってほしいですね。

◆ 保護者に伝えたいポイント

　これは担任からの謝辞でもあります。「お忙しい中，お弁当を作ってくださってありがとうございます。愛情をかけて育ててこられたお子さんへの指導は私が確かに責任をもって遂行させていただきます。」そのような思いをこめてこの通信を発刊したいものです。

お弁当の日に思ってほしいこと

○年△組 学級だより
□月☆日発行

◆29日,運動会を終えての第1日目がスタートしました。「卒業まであと半年だよ。」そう言うとみんな驚いていたようです。月日が流れるのは早いものですね。さて,今日はお弁当の日でした。運動会当日はマーチング準備のため,みんなゆっくり味わっている暇もありませんでしたが,この日はゆっくりできます。子どもたちはにこにことお弁当を食べています。満面の笑みという感じですね。幸せそうな雰囲気でした。その様子を見て私もまた幸せな気持ちになれました。

◆でも,私はみんなの可愛いお弁当箱を覗きながら,あることを考えていました。それを子どもたちに気づかせてあげたいと思い,実は朝からそのことを子どもたちに話しました。それは「みなさんはとっても愛されて支えられているんだよ。」ということです。

◆料理をしたり手伝ったりしている人なら,料理の準備をし,調理して食べられるようにするのにどれくらいの時間がかかるか分かるでしょう。ご飯だって簡単には炊けません。華やかなお弁当箱を見ながら思うのは,みなさんのために前日までに何時間もかけて準備をし,朝早くお弁当を作ってくださったお家の人の愛情です。

◆運動会にはたくさんの人が見にきてくださりました。たくさんの人が開催の準備をしてくださいました。演技や競技の練習だけならそんなにしんどくはないのです。たくさんの人が26日の運動会の開催のために尽力してくださった。その有り難みを知るために,6年生だけ前日に準備を手伝うのだと思っています。つまり,自分のことだけをしているのではなく,他の人たちのためにも自分の力を使うことの大切さを学ぶのが最高学年である6年生の運動会なのだと思っています。運動会が終わったあとにどれだけの人に感謝できるか？それがとても大切なことだと思うのです。

子どもの成長を促す

45 子どもの成長を促す
友達の発言に耳を傾けさせる

😵 こんな時に……

　授業中友達の発言の聞き方が良くない時に。運動会などの大きな行事が終わって授業が再開されますが，この時こそ学習習慣を改めて徹底し直すチャンスです。手っ取り早くしかも大切な学習習慣は聞く態度です。ここを手抜きさせるとどんどん教室は腑抜けていきます。しっかり指導し直しましょう。

♥ 子どもへの指導の意図

　友達が発言している時に周りの子はどのような態度でいるか？それでそのクラスの大体の「力」は推測できます。しっかり友達の発言を聞くことが「友達を大切にする」ということだからです。よそ見したり，手遊びしたりしている子に対して厳しく指導することも大切ですが，できるなら「あっ，そうなんだ！」と思わせたいですね。その時の決めゼリフが「自分が発言しない時は聞いて賢くなる時」なのです。45分間の1秒たりとも学びのない時間はない！そのような決意で授業をしましょう。すると子どもたちの顕著な「手抜き」が目につくはずです。「育てる」学級経営はそこからがスタートです。

◆ 保護者に伝えたいポイント

　家庭でも親子が顔をつきあわせる時間がなかなか確保できないそうですが，今回の「学習態度」が家庭や社会でも生きてくるものだということが伝わるといいですね。少なくとも教師はそのことを授業中貫徹している姿勢は保護者にぜひ伝えるべきことだと思います。

自分が発言しない時は聞いて賢くなる時

○年△組
学級だより

□月☆日発行

◆算数では間もなく「比」の学習を終えます。授業では教師だけがしゃべって内容を押し込んでいくのでなく，自分の考えをお互いに交流し合いながら理解を深めることを大切にしています。そして一定の理解をしたのなら，次には徹底反復で定着を図ることが大切になります。人間は実に多くの情報を忘れていきますが，自分が悩み考えて理解したことや，徹底して反復したことは簡単には忘れないということは明らかになっています。

◆例えばクラスの中で一人だけが発言する時があります。この時に大切なのは発言していない他の子どもたちがどのような状態でいるかということです。発言する人の方に身体を向け，自分の意見とどこが同じでどこが違うのかを考えながら聞くのです。そうすると，同じ場合は「そうか，それでよかったのだ」という自信になり，違う場合は「なるほど，そういう考えもあるのか」と学びを広げていくことができるのです。人の発言を，よそ見や手遊びしながら聞く人は，残念ながら「自分以外の人から学ぶ」姿勢に欠けている人です。また，勇気をもって発言している友達を大切にできない人です。教室は友達を大切にして一緒に賢くなっていく場であるはずです。このようなことには厳しく臨まなければなりません。

◆知識というのは何でもいいから多量に身につければいいというわけではありません。望ましい人間関係を作りながら身につけたかということが大切にされるべきだと思っています。教師を必要とせずとも，友達どうしで学び合っていけるようになる場が授業なのです。そして最後には友達がいなくても自ら学んでいける力を身につけること，そしてまた必要な時にはだれとでも協力してさらに高い力を身につけていけること，学校というのはそれらの力を身につける絶好のチャンスなのです。そのチャンスを無駄にせず，毎日の授業時間を大切にしてほしいと思います。

46 子どもの成長を促す
ルールを守る大切さを説く

😖 こんな時に……

中だるみでルールが守られなくなってきた時に。一度は自分たちで決めたルールも徐々に守られなくなっていくものです。そのまま看過すれば学級内の秩序は崩壊していきます。そのつど指導を入れていくべきなのですが、単なる説教では子どもたちの心には届きません。そこでスポーツ界などで実際にあった出来事を紹介し、規律を守ることの大切さを教えていきましょう。

♥ 子どもへの指導の意図

2015年ラグビーワールドカップで日本代表が優勝候補の南アフリカ代表を破ったことはまだ記憶に新しいでしょう。また今後いくら時が経ってもこの衝撃的な事実は色褪せることはないはずです。この成功を収めたチームがどれだけの困難に打ち勝って勝利を収めたかを伝えましょう。その事実はこれからの人生において経験するであろう困難を目の前にした時に何かの指針になるかも知れません。困難を乗り越えて逞しくなっていくことで仲間を支えることができるようになる。そうやって秩序あるチームは作られていく。我々もそんなチームになろう！と熱く語ってください。（できれば日本が南アフリカを破った試合の映像を見せてあげるといいですね。）

◆ 保護者に伝えたいポイント

困難があったからといって大人が子どもを守ってばかりではいつまでたっても成長はできません。時には困難に立ち向かわせて乗り越えさせることもまた親の愛情であることを伝えることができたらいいですね。「艱難汝を玉にする」という名言そのものを伝えましょう。

規律を守るチームは強くなる	○年△組 学級だより □月☆日発行

◆ラグビーW杯で日本代表が初めて2勝をあげました。24年間でアフリカ代表のジンバブエからあげた1勝のみでしたので，ここにきていかに日本が力をつけたかがお分かり頂けるかと思います。

◆テレビでは日本が強くなった訳として「タックル」や「スクラム」がよくなったからだと報じていますが，大きな理由はそれだけではありません。ラグビーを経験した人には分かるのですが，チームがいきなり強くなるということはあり得ないのです。全敗が続き，ここ2大会は2敗1引き分けが続きました。そうして少しずつ世界のレベルに近づいていったのです。そして日本が強くなった決定的な理由は「猛練習に耐えた」ことに尽きると思っています。そうして自分に厳しく負荷を与えて逞しくなったからこそ，タックルもスクラムもうまく機能するようになったのです。

◆もう一つ。強くなった故に試合中に反則を犯さなくなったことです。ラグビーでは反則をすると敵にボールを渡すことになります。時にはペナルティーキックなどで得点を奪われてしまいます。強豪相手に辛抱強く戦い，反則をしなかった。逆に焦った相手が反則を犯し，負けてしまったのです。

◆学級もまた同じだと思っています。一人一人が困難から逃げずに自らにしんどいことを課し，逞しくなっていく。他の人のことを考え友達を助ける。そんな強く優しいメンバーなら「反則」がほとんど起きないはずです。自分に負けていい加減なことをしだす。誰かがやるだろうからと思って怠ける。そのような言動が増えてきたら要注意です。「規律」が乱れ，反則が度々起こる前兆です。私たちはみんなで「良いクラスを作ろう」と誓い合ったはずです。ならば，自らを律していきましょう。まずは自分のことをしっかりやりきる。そして少しだけまわりを見渡して，他の友達のためにできることをする。そのような「規律」ある空気を作り出していきましょう。

子どもの成長を促す

47 子どもの成長を促す
コミュニケーションの大切さを伝える

😵 こんな時に……

　文字通りリーダーがみんなを引っ張っていくために発揮するリーダーシップとならんで，その他大勢のメンバーがリーダーに協力するために発揮するメンバーシップも学級経営の上ではとても重要な要素です。授業をはじめ一日の学校生活の中で友達とよきコミュニケーションを図ることが大切なことを指導しましょう。

♥ 子どもへの指導の意図

　これは心理学の実験のお話です。つまり，ある人々の集まりが単なる烏合の衆であったならパニックに陥りやすいが，よきリーダーがいてメンバーを引っ張っていける集団である場合，落ち着いて行動できるということです。避難訓練などでもそうですが，日頃から落ち着いて行動する訓練を行っておくとともに，友達と仲良くコミュニケーションをとっておくこともひいては友達の命を守ることになるかもしれないといえるでしょう。その意味では「毎日が避難訓練である。」と言ってもいいのでしょうね。

◆ 保護者に伝えたいポイント

　親は子どもたちが仲良く楽しく過ごしてほしいと願っています。それは単によき人間関係を構築するという目的だけでなく，コミュニケーションをよく取り，ひいては命を守ることにもなるという考えを伝えて理解してもらいましょう。クラスイベントはもとより，日々の授業が「避難訓練」であるという考えはストンと腑に落ちるはずです。

仲間の絆とリーダーシップは命を救う

○年△組 学級だより
□月☆日発行

◆先日紹介した「手抜き」の話の続きです。「リーダーシップと絆は仲間を救う」ということが実証された実験があります。まず2つのグループを作りました。1つ目は全く知らない人ばかり数十人。もう1つはあらかじめおしゃべりなどの時間を取って仲良くなった人たち数十人。狭い部屋にそれぞれのグループを入れ、ある作業を達成したものからその部屋を出られるというものです。一定時間内に部屋から脱出しないと、座っている椅子に電流が流れると知らされています（実際は流さなかったようです）。すると、全く知らない人たちのグループでは、自分の作業だけを達成して脱出口に殺到した人が多かったのに対し、仲良くなったグループでは落ち着いて手助けし、他方のグループより4倍も多くの人数が脱出に成功したそうです。

◆つまり人間は日頃から良いコミュニケーションを図っていると、いざという時に助け合って行動するということが実証されたそうです。また、その際、「リーダー的な役割についている人がパニックにならず落ち着いて指示を出し、多くの仲間を助けた」とも言われています。

◆実験は、「絆のある＝よきコミュニケーションを取っている集団」や「リーダーシップを発揮する人がいて、リーダー以外の人たちがそれに素直に従う（メンバーシップを発揮した場合）集団」ではいわゆるパニック状態の中でも落ち着いて行動できることを示しているでしょう。

◆学級で言えば、「毎日よくコミュニケーションを取り、誰もがリーダーシップとメンバーシップを発揮している学級では、多少の異変などにも動じない力が備わるのではないか」という風に考えられます。間もなく避難訓練があります。日頃からそのような雰囲気を学級につくっておくことが、いざという時に落ち着いた行動を取れることに繋がるのだと思っています。

子どもの成長を促す

48 子どもの成長を促す
学習へのモチベーションを高める

😖 こんな時に……

　子どもたちの多くは「勉強は嫌いなもの」,「面白くないもの」と決めつけています。「私, 算数嫌い！」などという言葉も結局はいやなものをやらないで済ませるための口実に過ぎないのです。このような時にいくら勉強を一生懸命やれ！と言っても無駄です。まずは勉強などの困難に対する自分の価値観を変えることからスタートしてはどうでしょうか。

♥ 子どもへの指導の意図

　まず子どもたちに対しては,「勉強」はそれ自体つまらないものでも, 面白いものでもないということを伝えましょう。「勉強」は「勉強」。ただそれだけなのです。ただ「勉強をつまらない」と思ったり「勉強は面白い」と思ったりする考え方＝価値観があるだけなのです。「義務」→「努力」→「好き」→「　　」の「　　」には「夢中」が入ります。どんなことでも「夢中」になれるにはどうすればよいか考えていけば, 人生が変わるかもしれません。その可能性を伝えることができるといいですね。

♦ 保護者に伝えたいポイント

　テストで100点を取るとご褒美にお小遣いをもらえるということを聞いたことがあります。これは親が勉強とは「辛くしんどいもの」だと教えていることに他ならないでしょう。確かに目先にご褒美があると子どもたちのモチベーションは維持されます。しかし, それよりも「勉強は楽しくて夢中になれる」という事実を作り出していきたいものですね。そのきっかけとなるお話です。

心が変われば、勉強は楽しい

○年△組 学級だより
□月☆日発行

◆以前にも紹介した格言ですが下記のようなものがあります。

心が変われば行動が変わる
行動が変われば習慣が変わる
習慣が変われば人格が変わる
人格が変われば運命が変わる

◆人間は結局のところ，「心（＝思考）によって行動を決めている」のです。これは全ての人間に当てはまることです。もちろん子どもたちも，私もです。しかし多くの場合，この心（＝思考）を変えるというのはそう簡単なことではないのです。

◆例えば「勉強」というものに対する考え方は千差万別です。「苦手」という人もいれば「得意」という人もいるでしょう。「やらなあかんからやってる」という人もいれば「楽しくて仕方ないからやるのだ」という人もいることでしょう。結局のところ「勉強」そのものがどういうものなのかはその人本人が決めることであって，「勉強」は「勉強」以外の何物でもなく，それ以上でもなければそれ以下でもないのです。

◆また，人は２つの基準だけで行動を決定します。即ち，「快楽」を求め，「苦痛」から逃げるというものです。ただ，何を「快楽」，「苦痛」と考えるかはその人によって違います。「長距離走」を「気持ちいいから毎日走る」という人もいれば「しんどいから絶対いや！」という人もいるのです。「長距離走」そのものが良いものなのか，悪いものなのかは分からないのです。要はその人本人の考え方次第なのです。

◆「義務」→「努力」→「好き」→「　　」。右に行くほど「強い」のだそうです。これを聞いた時，なるほど，そうだよなあ！と思いました。さて，「　　」には何が入ると思いますか？それが最強なのです！（答え＝「夢中」）

子どもの成長を促す

49 子どもの成長を促す
困難を克服する快感を教える

😖 こんな時に……

　人は「快楽」を求め、「苦痛」を避けます。これは人類普遍の原則であるといってよいでしょう。でも子どもたちは勉強などの「困難」を「苦痛」だと捉えています。これでは子どもたちが意欲的になることはあり得ませんね。ではどのように子どもたちに伝えればいいのでしょうか？

♥ 子どもへの指導の意図

　スポーツをやっている子などに「練習はしんどい？」と聞くと多くの子が「しんどい（つらい）」と答えます。では「しんどい練習と楽な練習とではどちらの方が強くなれると思いますか？」と聞くとこれまたほとんどの子が「しんどい練習」と答えます。こうなると話は早くて、「しんどいことは確かに辛いけど、その時が、一番力が伸びているんだよね。だからしんどさを楽しめる人がよく伸びるんだよ！」と話すのもいいでしょう。今回もラグビーの話で恐縮ですが、「世界一苦しい練習」を乗り越えて「世界一」のチームを破った事実は説得力があることでしょう。

◆ 保護者に伝えたいポイント

　世の中、楽しくて楽なことばかりではないということを教えていかねばなりません。子どもが家に帰って「勉強しんどい」と愚痴を漏らした時に「じゃあ、今が一番伸びている時かもしれないわね。」と諭してもらえると嬉しいですね。そんな信頼関係で保護者と繋がれたら、担任はとっても仕事がしやすいはずです。

しんどい時こそ力は伸びる

〇年△組
学級だより
□月☆日発行

◆先日私見を書きましたが，次のような記事も目にしました。紹介します。

◆ラグビー，特にW杯ではスクラムの優劣が勝敗を左右します。さらに重要なのが「**ディシプリン（規律）**」です。サモアは計３人のシンビン（反則による一時退場者）を出し，ペナルティーを17回（日本は４回）も犯しました。相手は立ち上がりからフィジカルで圧倒しようとかかってきましたが，日本はこれに冷静に対応したのです。なぜ，日本にはディシプリンがあったのでしょうか。スコットランド戦後の９日間の準備があったこともあるでしょうが，この試合で日本最年長キャップ（96個目）を獲得した37歳のロック，大野均は「ハードワークの結果」と述べています。「４月，５月，６月と猛練習の中，常に規律が頭にあった。きつくてごまかしたくなる時でも全員が辛抱強くやってきた。小さな積み重ねがあったからです。」

◆「ハードワーク＝厳しい練習」とは「世界一厳しい練習」のことです。日本選手はその逃げ出したくなるような猛練習から誰一人逃げることなくやり通した。その中にあっても「規律」を意識し続けたのですね。「しんどい時にこそ力はよく伸びる」と言われます。私たちの周りには「やらない」理由になる誘惑がごろごろあります。テレビやスマホ，ゲームやマンガ……。それらを断ち切って目指す目標のために，「手抜き」をせずに自分に厳しい道を課す。人生ずっとそんな感じでは疲れるけど，ここぞという勝負時にはそのような生き方をしない限り著しい成長は望めないということでもあるのでしょうね。

◆小学校のうちは何かとやらされる勉強が多いことでしょう。でも少しでもいいから自分から夢中になれる勉強法などを探して，一生懸命になれるといいですね。頑張っていきましょうね！

子どもの成長を促す

50 子どもの成長を促す
好きな者同士のグループ分けをやめる

😖 こんな時に……

子どもたちはグループを作る時に「好きな者同士がいい。」などと考え，時にはその考えを認めるように主張してきます。このような時に「別に構わない。」と認めてしまえば，以後「嫌いな者同士」という考えを認めてしまうことになります。ではどのように子どもたちを納得させたらいいのでしょうか？ここで「公私混同」という考え方を示すことになります。

♥ 子どもへの指導の意図

そもそも学校というのは公的な場所であり，私的な言動が許される自分の家の中とは違うのだという前提を示します。その上で公的な学校で私的な考え方である「好きな者同士」というものを主張することがおかしいのだと諭します。もちろん人間誰しも自分が可愛い。何事も自分の思い通りになるようになってほしいものです。しかし，そのような甘い考えは公的な場所では許されないこと，多くの場合自分の願いだけを通すことはできないこと，よって他の人たちとコミュニケーションを図るには，時には我慢し，時には譲って時間，空間を共有していかねばならないことをきっちり教えましょう。

◆ 保護者に伝えたいポイント

家と学校は違う。よって学校ではお子さんの思い通りにならないこともたくさんありますよ，ということをまずは理解してもらいましょう。思い通りにならない時に「よし！学校と先生に文句を言ってやろう」というような親は子どもを確実にダメにします。「思い通りにならない大切な経験をしたのね。いい勉強をしたね。」といって温かく挫折を見守ってあげられる親の言動が子どもの正常な自立を促すのです。

学校は「公的な場所」，勝手は許されない

○年△組 学級だより
□月☆日発行

◆最近子どもたちには「私（プライベート）」と「公（パブリック）」の区別について話をしています。これらをまぜこぜにすることを「公私混同」といいますが，学校や学級で起こる様々なトラブルがこの公私混同に起因していることが多いようです。子どもたちには次のように話しています。

> そもそも学校や学級というところで「好きな者同士」などというような考え方が許されることがおかしいのです。学校だって学級だって友達だって担任の先生だって誰一人希望を聞いてもらえた人はいないのです。それでいいのです。将来みなさんが出会う人たちの中で「自分に合っているから好き」などと思える人はほとんどいないのですから。プライベートな時間に，仲の良い友達と過ごすことは全く構いません。でも学校や学級はプライベートな時間，空間ではありません。公的な場所です。それは自分とは考え方や好みが違う人たちがたくさんいるということなのです。そういう人たちと一緒にやっていくには「自分の思い通りになってほしい」という欲望はある程度抑えて生きていく必要があります。プライベートを公的な場に持ち込むことを「公私混同」といいます。それは時として多くの人たちに迷惑をかけ，傷つけてしまうことにもなるのです。

◆放課後に家や公園で誰と過ごそうとそれはその人たちの自由ですが，翌日学校で「私たちは毎日一緒に遊んでいるこの友達としか遊びも勉強もしたくない」などという言動をとるのは「公私混同」です。私的なことを公的な場に持ち込むべきではありません。ここを踏まえずに，表面的にあれこれ解決を試みても，うまくいきません。まずは公的な場で自分の「私的」な考えをコントロールすることの大切さを理解してほしいと思うのです。

51 子どもの成長を促す
スピーチのレベルアップをねらう

😫 こんな時に……

　子どもたちのスピーチで単なる棒読みに終始していることが多く見受けられます。これは相手意識をもたずに文字面ばかりを追って声に出しているからです。ではどうすれば相手意識をもった良いスピーチにレベルアップさせることができるでしょうか？ここでは有名なメラビアンの法則を紹介します。

♥ 子どもへの指導の意図

　メラビアンの法則によれば，コミュニケーションを図る時に，相手の印象を決めるのは言葉以外の要素が93％であることを明らかにしました。つまり，言葉だけでは相手にうまく自分の思いを伝えられなくて当然だということになります。では他にどんな要素が大切なのか？それは，身だしなみやしぐさ，表情，声の速さ・高低などだそうです。子どもたちにこれらの要素を伝え，ではどんな内容をどのように伝えるのが有効なのか考えさせるといいですね。

◆ 保護者に伝えたいポイント

　家庭では子どもとお家の人はどのようなコミュニケーションを取っているのでしょうか？メラビアンが明示した言語以外の要素も意識して会話しているのでしょうか？子どもたちに聞いてみてもいいですね。日頃の素行が気になる子には懇談などで日々の会話について聞いてみるのもいいでしょう。

言葉だけでは相手に気持ちは伝わらない

○年△組 学級だより
□月☆日発行

◆将来社会で生きていくためには，必ず自分以外のだれかと協力していかねばなりません。その時に人間は様々なコミュニケーションをとることが求められます。さて，そのコミュニケーションに関して興味深いデータがあります。心理学者のアルバート・メラビアン博士は，話し手が聞き手に与える影響がどのような要素で形成されるか測定しました。その結果，話し手の印象を決めるのは，「言葉以外の非言語的な要素で93％の印象が決まってしまう」ということが分かりました。

視覚情報（Visual）－見た目・身だしなみ・しぐさ・表情・視線…55％
聴覚情報（Vocal）－声の質（高低）・速さ・大きさ・テンポ…38％
言語情報（Verbal）－話す言葉そのものの意味…7％

実は，言語的な部分は１割にも満たない，７％しか相手に伝わりません。

◆子どもたちの発表やスピーチを聞いていると，言語ばかりを棒読みでダラダラ話すことが多いのに気づきます。これはコミュニケーションがどのように相手に伝わるかを理解しないがために起こる「失敗」です。もしどこかのお店でそのような棒読みの対応をされたらどう思うでしょうか？多くのお店では接客時に，このようなコミュニケーションを構成する要素をきっちり分析しマニュアルを作成して社員の研修にあたります。多くの指導担当者は思うそうです。「いったい学校で何を教わってきたのか？」と。

◆群読や合唱，英会話などはまさにコミュニケーションの力を伸ばすためのトレーニングだといえます。たまにやるのでは力は伸びません。少しずつでいいから毎日続けていくことです。そして少しでもいいから伸びていくことを意識することです。将来社会に出て役立つような力を身につけていけるように授業も工夫していきたいと思っています。

52 子どもの成長を促す
修学旅行への心構えをつくる

😵 こんな時に……

いよいよ修学旅行となると子どもたちのテンションも上がってきます。予定通りの行程でしっかり学んできてくれたらいいのですが，羽目を外してしまうことも十分考えられます。ただ単に大金をかけて遊びに行くのではない，最上級生としてしっかり学びにいくのだという心構えをしっかりつくりましょう。

♥ 子どもへの指導の意図

何も指導せずにいると，子どもたちは大金を支払ってレジャーに行くとしか考えないものです。それはとんでもない話で，プライベートの時間とは違うのだということをしっかり教えましょう。今回は「修学」という言葉の意味を理解させます。小学生は日中あちこちうろうろされると迷惑な存在です。社会規範も身につけていないのですから。義務教育の間は子どもたちは学校に隔離して社会に出るための準備をするのです。したがって，修学旅行が小学校6年間で培った力を試す時だということに気づくでしょう。学校の代表としてどのような姿を見せるのか，しっかり考えさせたいものです。

◆ 保護者に伝えたいポイント

修学旅行では，かなりの大金を親に出してもらうことになります。単に思い出づくりでいいという考え方もあるかもしれませんが，やはり小学校生活最大の宿泊行事として，大きなものを学び取って帰ってくるのだ，という学校側の姿勢はしっかり伝えましょう。

修学旅行の「修学」とは？

○年△組
学級だより
□月☆日発行

◆来週は修学旅行です。おそらくどの子もこの日を待ち望んできたことでしょう。小学校生活6年間の中でも最も大きな、そして子どもたちの思い出に残る行事でしょう。既に実行委員会を中心に、着々と準備は進んでいます。良い思い出を作ってきてほしいと思います。ところでこの「修学」とはどういう意味でしょうか？辞書には「学問を修めること」と書いています。では修めるとはどういう意味でしょうか？これまた辞書で引いてみます。

【修める】行いや人格を正しくする。心や行動が乱れないように整える。

そこで「修学旅行」を次のように捉え直してみます。

小学校6年間で学んで身につけた力を使い、学校外へ出かけて、そこで行いや人格を正しくし、心や行動が乱れないように行動できるか試す場

◆学校での学習は、全て社会に出てから何らかの形で役に立たせるために行うのです。朝の挨拶や返事、宿題提出、掃除、給食、水泳学習、運動会など、全ての学習活動です。それらの集大成的位置づけが「修学旅行」ということができるでしょう。学校を出発し、行程を終えて帰ってくるまでに、小学校で学んだどんな力をどのような場面で発揮するとよいのでしょうか？もっとも心すべきは、学校外にはたくさんの一般の人たちが生活しているということです。この人たちと直接的、間接的に接するわけですが、どのようなことに留意すべきなのでしょうか？一度子どもたちにはゆっくり考えてほしいと思っています。そして、どのような形で終わることが「最高の修学旅行」となり得るのか、しっかりとイメージをもって本番に臨みたいと思っています。

53 子どもの成長を促す
楽しみを学びに変える〜修学旅行〜

😵 こんな時に……

　修学旅行を終えた子どもたちに感謝の気持ちをもってほしい時に。子どもたちは友達と贅沢な泊まりがけの旅行をして、とても楽しかったという感想をもっているはずです。しかし、修学旅行は決して学校生活の終着点ではないのです。あくまで通過点に過ぎません。そして、この後残された時間をいかに過ごしていくのかが大切であることを教えましょう。

♥ 子どもへの指導の意図

　子どもたちは修学旅行で楽しく過ごしてきたことを当たり前のように思っているかもしれません。そのままでは子どもたちは勘違いをしてしまいます。子どもたちが過ごした時間は、実は多くの大人が配慮して準備してくれたことに思いを寄せることができなければ修学旅行の指導は失敗だと考えましょう。お金だけではありません。はたして修学旅行から帰ってくるまでにどれだけの方々が支えてくださったのかを押さえるのです。そうして、それから先の学校生活でも、いかに自分たちが支えられて生きていくのかを教えましょう。感謝の心を失った時、人生は堕落を始めますから。

◆ 保護者に伝えたいポイント

　まずは今回の修学旅行にあたってご理解、ご協力をいただけたことを感謝しなければなりません。それは学年通信などで伝えることもできますね。この通信では「子どもたちに感謝の気持ちをもたせたい」という教師の思いを伝えています。これが何よりの保護者への感謝の表現になるのです。「そっか、先生は単に旅行の引率に行っただけでなく、こんな心の教育もしてくださったんだなあ」と思ってくれることでしょう。

修学旅行の終わりがスタート

○年△組 学級だより
□月☆日発行

◆修学旅行が終わりました。2日間，ほぼ「叱る」場面はありませんでした。6年生全員の子どもたちがルールをよく守ってくれたと思います。さすがだと思いました。

◆ただこれがゴールではないのです。解散式の時にも端的に言ったのですが，「支えてくれた人たち全てに感謝しよう」という思いを忘れないでいてほしいと思います。

> あなたたちは，何万円という費用を親に出してもらい，指定席の特急に乗り，ご馳走をいただき，遊園地で遊び，貸し切りバスでゆったり戻ってきただけです。何かを苦労して成し遂げた訳ではありません。修学旅行が終わった今，いったいどれだけの人たちに支えてもらったのかということに思いを寄せ，その人たちに感謝しないのなら，それは何と浅はかな修学旅行であり，平和学習であり，悲しいことでしょうか。

◆修学旅行は終わりましたが，ここからがスタートだと思ってほしいです。その原動力は「感謝の心」だと思います。楽しい時間をつくってくださった人たちへの「恩返し」は，残りの人生を懸命に生きることで行うのです。この後，学習発表会，マラソン大会，卒業式へと続いていきます。いよいよ小学校生活終了のカウントダウンが始まりました。限られた時間の中でいったいどれだけの学びができるか考えていきましょう。

◆以前「大切なものは見えない」と書きました。見えないので普段は意識できません。それは「当たり前」過ぎること全てです。修学旅行という特別な機会のみならず，例えば今日，この通信を読んでいる瞬間でさえも，私たちは多くの人に支えられています。

54 子どもの成長を促す
叱られるありがたさを教える

😰 こんな時に……

　今時の子どもも若者も叱られることに慣れていません。「叱るよりほめて育てましょう」などとまことしやかに言われることが多いですね。しかし，これは危険です。一生をほめられっぱなしで生きていけるはずがありません。ですから厳しく叱られることの意味を教えておきたいものです。

💗 子どもへの指導の意図

　子どもたちはほめて育てられてきたのかもしれません。でもそれは叱らなくてもいいということではないはずです。叱る時はビシッと叱ることも大切ですし，叱られて素直に反省し，感謝することも大切なはずです。この通信に出てくる映像はなかなか衝撃的ですが，その厳しい指導の裏に優しさが垣間見えて，最後はとてもほのぼのとした気持ちになれます。そして今時の若者でさえ「叱られてよかった！」と最後は感謝の言葉を述べているあたり，子どもたちにはぜひ紹介したいお話です。

♦ 保護者に伝えたいポイント

　ともすれば叱責は「悪」であると決めつけ，学校に怒鳴り込んでくる親も増えたと聞きます。これはやはりほめられて育てられてきた世代が親になり始めていることが要因かもしれませんね。しかし，いくら親や教師が学校という隔離された場所で子どもを叱らずに甘やかしても，世間はそんなに甘くはありません。大切なことは素直に叱られて反省すること，そして感謝することだと伝えましょう。

叱られるのは愛されている証拠

○年△組 学級だより
□月☆日発行

◆「鬼の接遇講師」として有名な平林都さんという方を知っていますか？かなり有名な方でタレント活動もされています。厳しいマナー講師として有名で，全国の社員研修に引っ張りだこです。

◆子どもたちとしばしその研修の様子を映像で見ました。一見にこやかな表情が鬼の形相に変わり，中途半端な反応を見せる社員に「心に釘を打つ」指導をされています。

◆子どもたちに感想を聞きました。「叱るのは愛情があるから，ということが分かった。」「厳しいけど，大切なことを教えてくれる人。」などの意見が多かったです。まあ，小学生にあんな言い方をされることはないでしょう。でも子どもたちは「プロ」としてお金をもらうことの厳しさを少しは知ってくれたのかな，と思います。

◆私が感心したのはむしろ叱られている若者達の反応でした。「叱られるのは嫌だったけど，思い切り全力で叱られると気持ちよくアドバイスを受け入れられる。」，「あそこまで真剣に叱ってくれたことに感謝しています。」，「私たちのお店は救ってもらえました。」など，叱られたことに不平を言うのでなく，講師に異口同音に感謝の気持ちを述べていました。20代の方々でしたが，とっても爽やかな気持ちになりました。

◆川上君という美容師さんが一人反抗的な態度をとって，徹底的に「マーク」されます。「やめろ！」と罵声を浴びせられて，一度は「やめます。」と跳ね返ります。その時，周囲の仲間が偉かった！「おい，甘えていたらあかんわ。謝ってやりなおそう！やめるな！」と励ましてくれたのです。最後は講師の先生の気持ちを理解し，短期間で立派な接客ができるまでに成長したのです。その川上君が最後は「感謝しています。」の一言。カッコいい若者やなあって思いました。

子どもの成長を促す

トラブルを感謝に変える

😖 こんな時に……

　滅多にありませんが，断水があった時は水のありがたさを教える絶好のチャンスです。逃す手はありません。子どもたちは水を飲めるのが当たり前だと思っているのですから。トラブルで，不便を感じれば感じるほど，子どもたちに効果的に感謝の気持ちを指導することができます。

♥ 子どもへの指導の意図

　蛇口をひねればタダで水が使い放題！と思っているのは日本人だけだという話があります。なるほど，子どもも大人も何一つ不自由なく，迷いもなく毎日大量の水を使っています。これがどれだけ贅沢で恵まれているかを授業などで訴えるのも大切ですが，やはり不自由さを体感するほど「素晴らしい」教材はありません。このような機会にこそ「どんなことに不自由を感じたか？」考えを出させましょう。そして災害時はもっと大変な事態になることを紹介しましょう。

◆ 保護者に伝えたいポイント

　子どもたちに何一つ不自由させることなく保護してあげることが愛情だと勘違いしている親も増えてきたと聞きます。きっと親自身も何不自由なく育ってきたのでしょう。しかし，世の中は不自由なことだらけです。いつかは親と離れて自分だけで生きてゆかねばならない子どもたちです。その子たちには時には不自由さを体験させることを厭わず，「そんな時でも感謝の気持ちを忘れずに歯を食いしばって生きていきましょう。」と励ましてあげられる大人でありたい！その思いを伝えることができたらいいですね。

「当たり前」のありがたさに感謝する

○年△組 学級だより
□月☆日発行

◆今日，突然の断水がありました。掃除時間から約1時間ほどでしたが，水が使えない状態になりました。すぐに水道屋さんに対応していただき，元通り水道は使えるようになりました。大きな混乱もなく安心しました。

◆教室に帰って子どもたちに「今断水だね。何を考えた？」と聞くとキョトンとしています。ようやく何人かの子が手を挙げて，「普段当たり前やと思っているけど，水のありがたさを感じます。」と答えてくれました。その通りですね。そこで教室の電灯も切ってみました。晩秋の午後なので，かなり暗くなります。そこで言いました。「大震災の後もこんなんやったんかなあ。でも他にガスもこないし，寒いし，あのころは大変やったろうねえ。こんな時は『断水や！不便やなあ！』と嘆くのでなく，日頃のありがたさを感じる時間にしたいですね。」と話しました。

◆断水復旧後の休憩時間に何人かの子どもたちが「水道屋さんにお礼を言いたいんです。どこですか？」と走り出しました。

◆東日本大震災後，宮城県石巻市へボランティアに行ったことがあります。多くの小学生，教員が犠牲になった大川小学校に手を合わせにいきました。バスで小学校に到着した時に，リーダーの方がバスのライトを落としてくれるようにお願いしました。そして次のように言われました。「津波が押し寄せた時，雪が降っていたそうです。しかも電気はこないので真っ暗だったわけです。この裏山の上で生存者の方が一晩過ごされたそうですが，どんなに寒く，どんなに暗く，どんなに不安だったことでしょう。その時の状況に少しでも思いを寄せたいですね。」そのリーダーの方が言われた言葉をいつも噛みしめていたいと思います。日々の当たり前を「当たり前」だと思わないこと。全ての物事に感謝すること。そういったことの大切さを子どもたちと考えていきたいと思っています。

子どもの成長を促す

56 子どもの成長を促す
手抜きをたしなめる

😖 こんな時に……

　子どもたちはともすれば手抜きをして，課題一つにしても大雑把に終わらせてしまいがちです。学校で言えば挨拶や発言，挙手，宿題などです。掃除が終わった後の部屋の片隅もまたそうです。そこに何が表れるのか？子どもたちにはぜひ知ってほしいことです。

♥ 子どもへの指導の意図

　何か大きなことを成し遂げようとする時，実はその周辺にある些細なことにも全力を傾注しているかが大切なのだという考えがあります。一つのことを成し遂げるのは当然のことながら一人の人間です。その人間がある時あることは一生懸命，ある時あることはいい加減というのではおそらく立派な仕事は何一つ成し遂げることはできないでしょう。なぜなら，そんな人には作業にムラがあるからです。社会に出たら一番嫌われるのがムラのある仕事をする人です。いかなる時も均一に高品質な結果を残せる人だけがプロとしてお金をいただくことができるのです。将来のためにまずは今できることからしっかり全力で成し遂げる姿勢を身につけてほしいものです。

◆ 保護者に伝えたいポイント

　この考えをもって指導に当たると，時としてかなり細部にこだわって徹底する厳しい教え方になることがあります。でもそれは「何か一つの大きなことを成し遂げるために，その周辺にある些細なことにも全力を尽くす」という信念に基づく指導なのだと保護者には知っていただけるといいですね。

細かいところにこそ私たちの力が表れる

○年△組 学級だより
□月☆日発行

◆「神は細部に宿る」これは建築のデザインの世界の言葉だそうです。ミース・ファン・デル・ローエというアメリカのシカゴで活躍した有名な建築家が使った言葉だそうです。建築物はサッシや枠，鉄骨などの部材をいかに綺麗に見せるかが大事だと主張したのだそうです。大きな建築物であっても，いかに細部にこだわって作り，見て美しい綺麗なものにするかという意味だそうです。

◆そういえば，ディズニーランドのアトラクションの中にある19世紀の頃の紳士の人形が着ている衣服には，本当に19世紀の頃に作られたボタンが使われているのだそうです。お客さんは誰一人そんな細部にまで心を寄せないとは思うのですが，そのようなことにこだわることで働く人たちの意識を高く保つのだそうです。

◆転じて建築以外の世界でも言われるようになったのですが，これは私たちの生活の中でもなるほどよく通じるものがあるのですね。飲食のお店では店員さんの対応が実に爽やかで心地よいです。私は生まれてこの方大雑把でいい加減なので，大いに反省させられています。

◆ノートの丁寧さ，提出期限を守ること，物の受け渡しの際の会釈，朝の挨拶などはどれも一日の生活の中では些細なことです。でもそれらをしっかりやり遂げることが，大きなことを成し遂げる際に大切なのだと思うのです。些細なことに全力を尽くせというのはけだし名言であるわけですね。

◆先日クラスを参観してくれた方が言われていたのですが，子どもたちの気遣いに驚かれていました。「給食時や清掃時の動きの速さ，切り替えの素早さが凄い」とのことでした。我々は4月から普通にやってきたことなので，特段無理も何もしていないのですが，初めて見た人にはそのように映るのだそうです。これも日々細部にこだわってきた成果といえるでしょう。あと3か月半の間，最後までこだわっていきたいと思っています。

子どもの成長を促す

57 子どもの成長を促す
自分を律することを学ばせる〜専科の授業トラブル〜

こんな時に……

専科の授業で叱られて帰ってきた時に。高学年になると音楽などの授業を専科の先生にしていただくことがあります。往々にして専科の授業は荒れることが多いです。しかし，やはり担任はそのつど指導を入れなければなりません。ではいったいどのような指導が奏功するのでしょうか？説教だけではダメなのでしょうか？

子どもへの指導の意図

基本的に自分を律することができない弱さをベースにした悪習慣（専科の先生の授業はだらけて過ごすという習慣）のために専科の授業は荒れます。少なくとも担任なら，きっちり指導を入れなければなりません。まずは「信頼を失う」ことの問題性を認識させ，謝罪へ出向かせます。そして次の授業でどういう姿を見せる努力をするのかを誓わせます。自分の弱さと再戦する「リベンジ」の機会を与えるのです。そこできっちりできたのならそれを大いにほめ，今回のトラブルで何を学んだかを言語化させます。そして，トラブルになった一つの原因である，自分たちの弱さと，悪習慣を断ち切ることの大切さを話しましょう。

保護者に伝えたいポイント

保護者の多くは専科の授業での過ごし方など知る由もありません。ですから今回のようなトラブルの存在も可能な範囲で包み隠さず伝えるようにしましょう（但し，個人名をあげてのマイナス面の指摘などは絶対にしてはなりません）。そしてできるなら「どんな先生の前でもきちんとするのよ！」というお話をしていただけたら嬉しいですね。次の授業でうまくやれたのなら，その報告もあると親切でしょう。

悪い習慣こそ断ち切ろう

○年△組 学級だより
□月☆日発行

◆先週の音楽の時間が終わった時,「次回は教室でやるのだそうです。」とある子が教えてくれました。テストなのかと思いきやそうではなく,授業中に騒がしくなり,再三注意されたのに改めようとしなかったために「音楽室出禁」となったとのことでした。

◆子どもたちに聞くと,ほぼ全員が責任を感じていました。「どうする？信頼を失ったら,そう簡単に取り戻せないぞ！」と話しました。そこでクラス全員で話し合うことにしました。議題は「次の音楽の時間に何に気をつけるか？」です。

◆いろいろと意見が出されたのですが,「自覚をもってちゃんとする」ということに落ち着きました。あとは自分たちで誠実さをアピールするだけです。かくして今日（25日）の音楽の時間。どの子もしっかりできたようです。「真面目にやってくれたのでワークに書いた文章もしっかりしていました。」と,とりあえずは「及第点」をもらいました。

◆次の時間に,子どもたちに聞きました。「今日の出来事から何を学びますか？」と。「真面目にすると力の発揮の仕方が変わってくる」ということに子どもたちは気づいてくれたようです。これは春からも再三言ってきたことでもあります。もちろん望ましい方向で力は発揮されるのです。当たり前といえば当たり前のことですが,実際にやるとなると難しいものです。

◆自分を律することは大人でもなかなか難しいことです。でもやらねばならないことでもあります。子どもでも大人でも,様々なトラブルは自分を律することのできない時に起こります。それが習慣となっていると,もう人生そのものが「トラブルの連続」となってしまいます。すっかり染みついている習慣を断ち切るのは至難の業ですが,少しずつ良い習慣をつけられるように努力していきたいですね。私も頑張って悪習慣を断ち切りたいと思っています。

子どもの成長を促す

58 子どもの成長を促す
悪口の蔓延を止める

😖 こんな時に……

　悪口がクラスに蔓延してきたら学級経営は要注意です。学級経営状態の一つのバロメーターとも言えるでしょう。子どもたちに聞いてみればわかりますが，そのような状態の時はほとんどの子が悪口を言い，逆に言われているものです。では人はどんな時に悪口を言っているのでしょうか？

♥ 子どもへの指導の意図

　悪口を言えば相手や周囲の人たちにダメージを与えることができます。そうして自分が頭一つ抜けた状態になり，一時的な心理的優位を保つことができます。しかしやがてダメージを受けた相手から報復を受けることになります。そうしてクラス全体でお互いの足を引っ張り合うようになり，どんどん状態は悪くなっていきます。さて，なぜ子どもたちは悪口を言うのでしょうか？それは自分に自信がないからです。何も人に勝るものがない。だから手っ取り早く悪口を言って周囲よりも高い位置に居ようとするのです。そこで，「君たちには自信がないんだね。」ということを自覚させ，「では何か自信をつけていこう！」と心を前向きにさせましょう。そしてお互いに切磋琢磨して高めていける道のあることを知ってもらいましょう。

◆ 保護者に伝えたいポイント

　家で親からボロカスに叱責を受けている子は学校で荒れます。家庭で自信を失い，学校でも勇気をくじかれれば当然の成り行きでしょう。どんなことでもいい。わが子の良い所を大いにほめてほしい。学校でも自信をもってもらえる努力をします！そういう熱い思いを伝えていきましょう。

自信がないから悪口を言うのだ

○年△組 学級だより
□月☆日発行

◆子どもたちに「何か自信のあることはありますか？」と尋ねました。「野球」、「バレーボール」、「空手」などのスポーツ系の答えや「ピアノ」、「エレクトーン」、などの文化系の答えが出されました。中には「友達を思いやること」という答えもあり，凄いなあ！と思ってしまいました。

◆「さて，ほとんどの人が何か自信のあることをもっていますが，みなさんにはある共通点があります。それは何か分かりますか？」と聞きました。すると「練習をした」という答えが出されました。そうですね。一人残らず，自信を手に入れるまでには少なからず練習という努力を続ける必要があるのです。きっとその途中には「いやだなあ。しんどいなあ。」と思ったこともあるはずです。しかし，そんな困難を乗り越えて初めて「自信」というものを手に入れることができるのですね。

◆この日はもう一つ話をしました。それは「自分に自信のない人が悪口を言う」ということです。誰しも胸を張って自信のあるものを手に入れたい。しかし，それが叶わない時には，周りの人たちに悪口を言い，ダメージを与えることで自分が優位に立つという心理的メカニズムです。こうなると言われた人も悪口を言い返すことになり，結果としてその人たちが所属するクラスはダメになっていきます。しかし，自分に打ち克ち，自信をつけていこうとする人の周りには同じように自分を磨いていこうとする人が集まります。そして友達の頑張りを心から喜び，刺激を受け，「自分も負けてなるものか！」と努力し始めます。このことを切磋琢磨といいます。また，先ほども言いましたが，はじめから自信をもった人などいません。痛い，辛い，恥ずかしいなどの困難を乗り越えて自信というものを得るのです。ですから，１日の中でたくさんある自信をつけるチャンス……発言や音読などを積極的に頑張っていきましょう。そのことがどの子も自信に溢れるクラスを作り，悪口を言う雰囲気を打ち壊していくのです。まずは自分が強くなることが良いクラスを作ることに繋がるのですね。

子どもの成長を促す

59 子どもの成長を促す
宿題をいいかげんにさせない

😵 こんな時に……

　漢字や計算など，基本的に宿題の出し方は年間を通じてそう大きく変わらないものですし，また混乱を避けるためにあまり変えないほうがいいものです。しかし，そうなると当然ルーティン化して手抜きが発生します。ですから，以前にも書きましたが，何度も手を変え，品を変え，宿題を通して見えてくる力の存在を知らせ，質の向上を図ります。

♥ 子どもへの指導の意図

　宿題にいくつかの仕掛けをして，バージョンを上げていく工夫をしてみましょう。私のクラスでは例えば漢字学習で，スタンダードな漢字練習に加えて「プラスα＝人一倍の努力」をするように指示します。具体的にはワークやノートの隙間，空白にそのページで書いた言葉の意味を辞書で調べて書かせるというものです。ページがぎっしり文字で埋まり，努力が可視化されます。しかし，このノートを仕上げるには少なくとも30分は必要となり，家庭での時間管理能力が必要になります。つまり，「宿題の質を見れば君たちの家での生活が分かるよ。」というメッセージを送るのです。そうして家庭学習の方法を指導するきっかけにしていくのです。

◆ 保護者に伝えたいポイント

　一言でいえば規則正しい生活習慣を家庭でもお願いするということです。その意味で宿題は見方を変えれば，保護者と教師のコミュニケーションツールとなりえます。宿題の質を高めることと，それを通して担任が何を見ているのかを伝えましょう。全てではありませんが宿題をきっちりやらせるように協力してくれる親が増えるのは間違いありません。

プラスαの努力を習慣化する

○年△組
学級だより
□月☆日発行

◆4月からスタートした漢字の学習もいよいよ佳境です。子どもたちは現時点ではほとんどの子が「プラスαの努力」を継続しています。「プラスα」とは「意味調べ」をしてそれを綺麗に余白に書いてくるというものです。多い子で10個の言葉の意味を調べて書いてきます。これにより，単に漢字の練習をするだけでなく，「辞書を引く力」，「綺麗にまとめる力」，「集中力」などを身につけることができます。そしてあと一つ大きな力を身につけることができます。

◆これは正確にはその力を「身につけなければ」この宿題はできないともいえます。それは，

時間管理能力

です。この課題を終えるには30分はゆうにかかります。ですから，計画的にやらねば乱雑になり，「やり直し」をしなければなりません。ですから逆に実に丁寧にやってくる人は時間管理がしっかりできているということなのです。「大切なことを大切にする」＝「優先順位を的確に設定できる」ということでもあるのです。

◆実は「成績が良い」とか「頭が良い」というのは，この優先順位設定が的確で，しかも時間管理もできるということなのです。いわゆる良い「習慣づけ」ができているわけです。習慣は人生を作りますから実に重大，重要なことだと思います。

◆五郎丸選手のルーティンポーズが話題になっていますが，実は全ての人が何らかのルーティンを行っています。「習慣づけ」の一種です。そして習慣には良いものと悪いものがあるということは心しておかねばなりません。（忘れ物というのは多くの場合「悪習慣」に起因していると考えられます。）

子どもたちをさらに高めまとめる

受験勉強以外も蔑ろにさせない

😖 こんな時に……

　受験勉強にしろ，スポーツにしろ，ともすれば合格とか，勝利とか目先の良い結果のみを追いかけるためにその他のことを蔑ろにしようとする空気が漂うことがあります。そのような時には実在する結果を出した人物やチームの崇高な生き方を示しましょう。

♥ 子どもへの指導の意図

　ここではラグビー強豪を2チーム紹介します。1チーム目は毎年優勝候補に名を連ねる東海大学付属仰星高校です。彼らは地域の清掃活動を続ける中で「ゴミは拾うのではない。探すのだ。」という考えを具現化します。これが実際のラグビーの試合の中で苦しい局面でもチャンスを見つけ出す姿勢に繋がるのでしょう。もう一つは大学選手権連覇中（2017年現在）の帝京大学です。ここでは普通は下級生がやる雑用を上級生がやるのだそうです。そうすることで下級生が余裕をもってラグビーに打ち込める。そのような環境を作り出すのが「上」の役目だという考えを具現化しています。そしてそのような行いがラグビーで日本一になれる結果を出しているのでしょう。このような事実は子どもたちの心に響くはずです。

◆ 保護者に伝えたいポイント

　勉強バカ，スポーツバカもいいですが，結果至上主義になると良い結果が出ないばかりか，人格をゆがめてしまう危険性も指摘されているところです。保護者にもスポーツマンをはじめ，目標に向かって進む人たちの崇高な生き方を一つのお手本として知ってもらいましょう。

技だけでなく心も磨く

○年△組
学級だより
□月☆日発行

◆高校ラグビーでは東海大仰星高校が，大学ラグビーでは帝京大学が日本一になりました。また，昨年のスポーツ界の話題を独占したラグビー日本代表や，数年前甲子園に出場した奈良の桜井高校。さてこれらのチームに共通することがあります。何か分かりますか？

◆それは地域の清掃活動をずっと続けているということです。毎日ゴミ拾いやトイレ掃除を継続しているそうです。スポーツの強豪校にはこのようなところが確実に増えてきています。

◆東海大仰星高校の監督さんは選手達に「ゴミは拾うのではない。探すのだ。」と指導されているそうです。またペアになってお互いの良いところを探して伝えあうことも継続しているそうです。そうやって気づき力を高めることで，試合中のチャンスに素早く気づき動ける心と体を作ってきたのでしょう。

◆大学の体育会系の部活動では，下級生が雑用をしなければなりません。でも帝京大学では上級生が色んな雑用を行うそうです。１年生はまだ余裕がなくて，練習に専念できない。だから上級生が雑用を行うことで，下級生には余裕をもって練習に打ち込んでもらえるようにしているのだそうです。

◆つまり，何かを極めていく時には，単に技だけ磨いてもダメだということです。心・技・体といいますが，一番大切なのは「心」なのですね。（だから一番最初に出てくるのでしょう。）クラスの仲間もこの１年間，清掃活動や友達をほめることを幾度となく繰り返してきました。それは決して間違いではなかったのです。卒業式に最高の姿を見せられるように，あと47日間，一緒に頑張っていきましょうね。

61 子どもたちをさらに高めまとめる
ほめて学校生活を軌道に乗せる

😖 こんな時に……

　冬休みを終えて子どもたちはだれきって学校へ戻ってきます。このような時は子どもたちの言動はろくなものではないことが多く，どうしても叱責が先に立つものです。しかし，そのままでは暗く鬱陶しい雰囲気のまま新学期がスタートしてしまうことになります。ではどのようにいち早く学校モードに切り換えていくとよいのでしょうか？

❤ 子どもへの指導の意図

　だれきった雰囲気とはいえ，全ての子がそういう状態ではありません。一部ですが素晴らしい言動を見せてくれる子もいます。教師はそのような子の動きがないかよく観察しておきます。そして見つけたらチャンス到来！ここぞとばかりに学級通信で取り上げるのです。もちろんその言動があったその日に子どもたちに口頭で話すのもいいでしょう。この通信ではいわゆる縦割り活動の最中に，最高学年である６年生が自分で考えて適切な過ごし方をしてくれたことを取り上げています。もちろんどんな些細なことでもいいのです。叱るよりはほめることから新学期は軌道に乗せていきましょう。

◆ 保護者に伝えたいポイント

　新学期にいち早く学校モードに切り替わってほしいという願いは親も同じです。その際にダメ出しばかりを知らされて「ちゃんとやってください！」と言われると反感を買います。「学校では担任のあなたがきっちり指導してくださいな。」と思われても仕方ありません。ならばマイナス面でなく，プラス面をどーんと出して，「冬休みボケもなく新学期はバッチリスタートできましたよ！」というメッセージを送りましょう。

みんなのために動ける力がある！

○年△組
学級だより
□月☆日発行

◆13日は新年おめでとう集会の話合いでした。縦割り活動で，1年生から5年生までの下学年の意見を集約し，22日のおめでとう集会の内容を決める時間でした。私は校内全ての教室を回って様子を見てきました。どこの教室でも6年生がしっかりやってくれていたようです。

◆一回りして自分の教室に戻ると，ほぼ意見を集約し終えていました。司会の子はテキパキと進行役を果たし，定刻の5分前に終了しました。そして，「ジャックと豆の木」の本の読み聞かせを始めてくれました。私はその時の下学年の子どもたちの表情を見ていました。どの子も食い入るように読み聞かせに没頭していました。特に1年生は吸い込まれるように目を輝かせて聞き入っていました。1年生だけではありません。5年生までもがじっと前に釘付けになっていました。その様子を見ていて，「いいなあ。6年生は大きく成長したなあ。」ととても嬉しい気持ちになりました。

◆おそらく読み聞かせをしようなんて彼らは思っていなかったはずです。でもわずか5分間でもそこにいたみんなを退屈させまいと瞬時に思考してできた行動は素晴らしいと思います。常に相手のことやみんなのことを考えて行動してきたのでしょう。この1年間の蓄積が，このような一瞬に結実するのですね。

◆戻った子どもたちに自分たちの「仕切り」に対し，自己採点をしてもらいました。3点満点でしたが，満点をつけた子はだれもいませんでした。「テキパキできなかった。」，「担当の先生に助けてもらった。」，「みんなを前に惹き付けることができなかった。」という反省点が出されました。私は「それでいいのです。いろんな学年の人たちを大勢まとめるって大変でしょ？そのことが分かっただけでも大きな収穫です。22日はぜひ素晴らしいリーダーシップを発揮してくださいね。」そう結びました。22日が楽しみです。

子どもたちをさらに高めまとめる

62 子どもたちをさらに高めまとめる
ゲストティーチャーに感謝する

😣 こんな時に……

体育館での講演授業などの後に。年間に何回かゲストティーチャーを招いての講演授業などがあります。この時に何の事前指導もしないと、ただ話を聞き流すだけということになりかねません。時にはおしゃべりなど失礼な態度をとる子どもも出てきます。では事前にどのような指導をすればよいでしょうか？

♥ 子どもへの指導の意図

多くの場合、ゲストティーチャーは自分の本業をお休みしてわざわざ時間を割いて来てくださっています。ありがたいことなのです。ここをまずきっちり話します。次に「ではそのようなありがたいお話をどのような態度で聞くべきなのか？」子どもたちの方から「理想像」を出させます。できれば板書して可視化します。そうして体育館へ連れて行くのです。子どもたちの姿は当然真剣です。また、ゲストティーチャーだけでなく、体育館を使わせてもらったことへの感謝も教えたいものです。換気や戸締まり、電気スイッチ操作などを率先して喜んでやってくれる子がいたら大いにほめてあげましょう。感謝しているなら行動で示す！きっちり指導したいものですね。

♦ 保護者に伝えたいポイント

自分が生まれてきたことに感謝するなら、それを行動で示していこう。勉強ももちろん大切ですが、人に対して感謝して、その気持ちを行動で示すことも大切な勉強として指導していることを伝えましょう。全員ではありませんが「家でもお手伝いなどを進んでやってくれるようになりました。」などという嬉しい報告をいただくこともあります。

| こうあるべき自分をイメージする | ◯年△組 学級だより
□月☆日発行 |

◆14日6時間目は行政相談に関する出前授業でした。県庁と役場から担当の方々が大勢来られて，きめ細やかな準備の上，授業をしていただきました。このような授業がある時に子どもたちには「授業を受ける側としての自覚と態度」を確認してから授業に臨みます。子どもたちは何も指導しないでおくと，このような授業が受けられて当然という考えのままでいます。

◆「忙しく，他の仕事もあるというのに，我々のためにわざわざ来てくださった。このような方々に対してみなさんはどのような態度で授業を受けますか？」こういう問いを発するだけで子どもたちの方からは，「おしゃべりせずに集中する。」「姿勢良く聞く。」「お礼をしっかり言う。」「メモをしっかり取る。」などの意見が出ます。実はこれが，子どもたち自身が自覚した「理想像」なのです。あとはこの「理想像」を実際に具現できたかどうかを見ておけばいいのです。子どもたちは「こうあるべき」という姿をイメージしていますから，たとえだれてきたとしても「あるべき理想像」に修復が容易となります。しかし，この「理想像」の確認がないと，ただ単にその場で時間が過ぎ去るのを待つということになりかねないのです。

◆この日の「理想像」として「忘れ物をしない」というものがありました。この「忘れ物」とは自分のもののことだけではありません。使用させていただいた体育館の後片づけなどを手伝うことです。

◆終わりの挨拶が済むと，たくさんの子が早速動いてくれました。マイクやパソコンなどの機器を片づけてくれる子。ストーブを消して元の位置に戻そうとしてくれる子。アンケートなどをクラス毎に分けてくれている子。戸締まりや電気を消してくれる子。本来教師がやる仕事をあっという間に終えてくれました。これぞ最上級生のあるべき姿なのです。感謝の心は行動で示さなければ何の意味もありません。そのような行動力をもった子が増えてきました。

63 子どもたちをさらに高めまとめる

「気づき力」を高める

😖 こんな時に……

　我々は日々たくさんの人の支えによって快適に生きていくことができます。しかし，どんな人に支えられているかはなかなか見えにくいし，気づかないまま過ぎていきます。では，例えばどんな細やかな気遣いに気づくように，どんな指導をすればよいのでしょうか？

♥ 子どもへの指導の意図

　感謝の心を失った時に人は堕落していきます。多くの場合子どもたちの悪行は感謝の心を忘れた結果であるとさえ思っています。今回の話は，朝一番に寒い音楽室をあらかじめ暖めてくださっている専科の先生の心遣いに気づかせる指導を取り上げています。誰かが快適に過ごしていられる裏には必ず誰かの配慮があるのです。まずはそのことに気づかせましょう。そういう視点をもった子はまた次の局面でもそういう心遣いに気づけるようになります。そして今度は自分がそのような行動をしてみようという意識に繋がります。感謝，感謝で生きていける子どもたちを育てること，それが他ならぬ道徳教育だと思っています。

◆ 保護者に伝えたいポイント

　子どもたちには「ではお家の人はどんな心遣いをしてくださっているか知っていますか？」という話をしてあげるといいでしょう。「君たちがこうして快適に勉強している間に，洗濯，掃除，晩ご飯の準備などをしてくれているのですよ。しっかり勉強しないと罰が当たりますね。」などと話しましょう。親は「感謝しなさい」とは言えないもの。教師がこのような機会に代弁してあげましょう。

おもてなしに感謝する

○年△組
学級だより
□月☆日発行

◆20日の2時間目は音楽の授業でした。子どもたちが整列して音楽室に来る直前，私は音楽の石田先生に次の時間の打ち合わせのために一足先に音楽室へ行きました。ドアを開けて石田先生と10数秒お話ししたのですが，その時にあることに気づきました。

◆音楽の授業後，私は次のように問いました。「今日，音楽室に入って何か気づいたことはありませんか？」子どもたちはあることに気づいたか？それが最大の関心事でした。

◆いくつかの意見が出された後，やっと一人の子が「部屋が暖かかった。」と答えました。「そうですね。私は音楽室にいたわずか10数秒でそのことに気づきました「どういうことか分かりますか？」その日は1時間目に音楽の授業はありません。先生がクラスの子どもたちが来る前にずっと部屋を暖めてくださっていたのです。誰かそのことに気づいたのか，それが気になっていたのです。

◆他にも「黒板にいろいろ授業内容について書いてあった。」ということに気づいた子がいました。「そうですね。授業を1時間行うためには非常に多くの準備がいるのです。ではその授業をみなさんはどのような姿勢で受けるべきでしょうか？考えたことはありますか？」そのように話しました。

◆「お金を出しているのだから客の方が偉い。」といわんばかりの態度をとる大人がいます。私はその考えは間違っていると思います。たとえラーメン1杯であってもその1杯を作るのに数百円の費用だけでは済みません。設備費や材料費，維持費などを考えればものすごい額になります。その設備を使って1杯のラーメンを格安で提供してくださる。ありがたいことだと私は思います。つまり世の中はお互い様，お陰様なのです。感謝しかないのです。私たちは日々溢れている「当たり前」の中にあるたくさんの「感謝の心」に気づく努力をしなければいけないと思っています。

64 子どもたちをさらに高めまとめる

学習へのモチベーションを高める

😵 こんな時に……

多くの子どもたちは勉強することは嫌なものだと考えています。それは自然なことなのかもしれません。しかし，やはり自ら学んでいこうとする意欲はもってほしいもの。そのためには価値観の転換が必要になってきます。ではどのようなお話をすると子どもたちの中にある価値観を変えることができるのでしょうか？

♥ 子どもへの指導の意図

子どもたちは自分を磨くことを「苦痛」と感じていることが多いようです。反対に人のために動くことを「快楽」と考えている子も多いようです。この２つ「自分を磨く」ことと「人のために動く」ことは実は表裏一体です。もう少し言うと，自分を磨くことを厭わない強さが他の人を助ける力になるということです。そこで，教えたいのが「勉強は苦痛ではない。ただ勉強を苦痛と思う考え方があるだけだ」ということです。同様に「他の人のために動くことを快楽だ。と思う考え方がある」ということなのです。選ぶのは自分自身であり，その選択の連続が人生になっていくということを伝えたいものです。

◆ 保護者に伝えたいポイント

親もまた「勉強はしんどいこと」だと思っているはずです。ですから「もう！ちゃんと勉強しなさい！」という叱責に繋がるのですね。「勉強そのものは苦痛でも快楽でもない。どう思うかを選択するのは自分自身なのだ。人のせいにするな！」という風に考えると子どもへの諭し方も変わってくるのではないかと思うのです。「勉強」というものについて家庭で考えてもらうきっかけになってくれると嬉しいですね。

勉強は苦痛か？

○年△組
学級だより
□月☆日発行

- ◆21日の1時間目は体育でした。前号でも書いたとおり「何に感謝できるか」について指導してから運動場に出ました。子どもたちが「当たり前」の一日の中でどんな「感謝」すべきことに気づき行動するのか。じっと見ていました。
- ◆時間終了後，教室へ帰って行く時，数人の子が横で一緒に体育の授業をしていた3年生の片づけを手伝ってくれました。そうですね。「感謝の心」をもったら次はその恩に報いる行動をとらなければ「感謝の心の行動化＝恩返し」にはなうないのです。気持ちは大切です。でもその気持ちを相手に，周りに伝える行動力はもっと大切なのです。
- ◆いじめられている子がいたとします。その子のことを「かわいそうだなあ。」「救ってあげたいな。」と思うことはもちろん大切です。心は育っているのかもしれませんね。でも何らかの行動でその子を救うことをしないのなら，その心は「なきに等しい」のです。口先だけなら何とでも言えるのです。
- ◆人間は行動する時に2つの価値基準しかもたないと言われています。それは「苦痛を避け，快楽を求める」ことです。子どもたちに「勉強は苦痛ですか？快楽ですか？」と聞きました。見事に全員「苦痛」と答えました。
- ◆しかし「勉強は苦痛でも快楽でもない」が答えです。存在するのは「勉強」という実体のみです。「苦痛」か「快楽」かは，あくまでその「勉強」というものに向かい合った人の見方にしか過ぎないのです。子どもたちが「苦痛」といった勉強を生き甲斐にしている人たちはたくさんいます。
- ◆今日，3年生の片づけを手伝ってくれた子は「他の学年の仕事を率先してやること」を苦痛とは思わず，やり甲斐のある仕事＝快楽だと思って動いてくれたのです。その連続はきっとたくさんの人の信頼を得て，将来幸せな生き方ができるようになるでしょう。

65 子どもたちをさらに高めまとめる
メディアの見方を育てる

😖 こんな時に……

　子どもたちは日々テレビなどでスキャンダラスな情報に晒されています。芸能人にとってはそのような情報で名を売るという生き方もあるのでしょう。しかし，問題は子どもたちが自分たちのプライバシーもまた芸能人と同様に考え，安易に自分の秘密を人に晒したり，逆に人の秘密をのぞき見したりして問題になることがあります。

♥ 子どもへの指導の意図

　芸能人にとってスキャンダルは名を売るための一手段であるという考えがあることをまず教えましょう。またお笑い番組で，人の身体の特徴などをバカにして笑いを取ることがあります。これも芸人さんにとってはいわゆる「おいしい」ことなのですね。しかし子どもたちはこのような情報に何のフィルターもなく毎日晒されていますから，自分たちの人間関係にも安易に中傷・誹謗を持ち込もうとします。「君たちは芸能人ではないよ！だからテレビを真似してはいけない。」ということをきっちり教える必要があります。

♦ 保護者に伝えたいポイント

　おそらく家でも家族一緒にワイドショーなどを見る機会はほぼ毎日あることでしょう。朝のテレビ番組からもスキャンダラスな情報が流れてくることも珍しくありません。この状況に対し，教育は全く無防備であること，大人が食い止めなければならないことを伝えたいです。スマホなどを巡る問題は取りざたされることが多いですが，スキャンダル，プライバシーに関する指導はほとんどなされていないというのが現状なのだという自覚が必要です。

プライバシーは人に見せない

○年△組
学級だより
□月☆日発行

◆これは以前にも書いたテーマです。子どもたちの会話を聞きながら、「今日は再び話さないといけないな。」と思いました。

◆子どもたちに「『賢い』ってどういう意味？私の答えは『他の人のことを思いやって行動できること。』」と話しました。どんなに勉強ができてテストの点数が良かったとしても、他の人に平気でいやな思いをさせる人間は「賢い」とはいえません。それは単に自己中心的な人間が知恵をつけただけの話であり、将来決して人のために動くことはないでしょう。有名大学を卒業した弁護士や科学者がオウム真理教に入信し、多くの人を殺した地下鉄サリン事件の例を取り上げました。秀逸な才能を、人の命を奪うことに使ってしまったあまりに悲しい出来事です。

◆私はたとえ「おめでたい」ことであっても、公衆の面前で、手放しで馬鹿騒ぎして喜びの気持ちを表現することはしません。例えば何かの試験に合格した人がいたとしても、その横に不合格になった人がいる可能性もあります。その場は最低限の賛辞を贈るにとどめ、別室、あるいは別の機会に改めて思い切りお祝いの言葉を贈りたいと考えています。

◆今、テレビではスキャンダラスな報道が日々繰り返されています。誰かの恋愛事情＝プライバシーを売り物にしているのでしょう。でもこのような情報を毎日浴び続けている人間は、プライバシーの保護に鈍感になっていくことでしょう。公衆の面前で平気で自分のプライバシーを晒し、他人の心の中にずけずけと踏み込んでいくことでしょう。そのような下劣な情報に対して教育現場はあまりに無防備だといえるでしょう。一度子どもたちと「プライバシー」についてじっくり考えていきたいと思っています。

子どもたちをさらに高めまとめる

子どもたちをさらに高めまとめる
命の大切さを教える

😰 こんな時に……

命の大切さを伝えたい時に。子どもたちは安易に「死ね！」とか「殺すぞ！」などという生命の尊厳を傷つける言葉を口にします。それはおそらく多くの場合，自分のマイナス感情をそのような言葉を使うことで表現したいのであろうと推察できます。つまり，語彙力の不足がそのような暴言を生むわけです。ではどのような話で生命の大切さを子どもたちに伝えればいいのでしょうか？それには教師自身の体験談が有効です。

♥ 子どもへの指導の意図

死ぬとはどれだけ恐ろしいことか，おそらく子どもたちは想像もしたことはないのかもしれません。誰一人として死から逃れることはできないのにです。だから教師は自分の体験の中から，子どもたちに本気で伝えたいものを選び，子どもたちに真剣に語るべきだと思います。私はこの話をしながら，落涙を禁じ得ませんでした。やっぱり悲しい，辛い話ですから。でも時には教師が涙ながらに語ることも必要だと思います。子どもたちはその迫力ある語りに何かを感じ取ってくれるはずです。そうして話の後に「命を大切にしていこうね。」と優しく語りかければいいのだと思います。

◆ 保護者に伝えたいポイント

こと命の尊厳に関わる言動については，これだけ大切に慎重に対処していますということを伝えたいものです。道徳教育の改革がどうこう言っても，やっぱり一番大切な人の道は命を大切にすることです。その思いを伝えることができれば，まずは道徳教育は成功といっていいでしょう。次に生命を尊重する言動をとれるように家庭にも協力を呼びかけていけたらいいですね。

真剣に「死」について話そう	○年△組 学級だより □月☆日発行

- ◆私にはかつて素晴らしい仲間がいました。千葉の小学校の先生です。若いけど授業にかける情熱がものすごい方でした。関東の勉強会で何度もお会いしてお互いに刺激を受け合いました。夜はビールを飲みながら授業の話を延々と続けていたのが懐かしい思い出です。
- ◆お会いしてから少しして，彼女は病気で学校を休まざるを得なくなりました。進行性のガンでした。何とか胃を全摘出して半年後職場復帰を果たしましたが，２年後帰らぬ人となりました。
- ◆彼女が亡くなった平成25年5月28日に，彼女のご家族の方から訃報のメールが届きました。そこには彼女が死ぬ間際に我々仲間に遺した辞世の文章が綴られていました。

> 私の人生を温かく見届けてくださってありがとうございました。
> 短い人生ではありましたが，私は誰よりも幸せな人生を歩ませていただいたと思います。皆様が応援してくださったからこそ，最後の方の闘いを諦めずに頑張ることができました。人生はすばらしいものだと強く思います。でも本当はもう少し長く生きたかったな。
> 皆様，これからも健康で，素敵な人生でありますようにお祈り申し上げます。本当に，本当に，ありがとうございました。

- ◆このメールを読んで私は何度も泣きました。彼女は迫り来る死の恐怖に怯えながらどんな気持ちでこの文を遺したのだろうか？どうして死ぬ直前になっても自分のことより生き残る我々のことを気遣えたのか？その悲しすぎる強さを思うと，泣けて，泣けて仕方ありませんでした。
- ◆一人の人の死とはどれほど重いものか。逆に人の命とはどれほど尊いものなのか。悲しい決別を体験した者として子どもたちにそのことを伝えていきたいと思います。

子どもたちをさらに高めまとめる

67 子どもたちをさらに高めまとめる
メディアの見方を育てる

😖 こんな時に……

　マスコミからは日々様々な情報が流れてきます。しかし時にはその真実性に「？」がつくようなことがたくさんあります。例えばSTAP細胞を巡る小保方さんへのマスコミ報道がそうです。一方的な見解ばかりを信じて流しており，フェアなやり方とは到底思えませんね。このようなことが私たちの身の回りにはあまりにも多いのが現実です。では，どのような話を子どもたちにすればいいのでしょうか？

❤ 子どもへの指導の意図

　いわゆるメディアリテラシー教育の考え方です。情報そのものが事実の全てを言い表していることなどあり得ないはずです。まずはそういう意識を教師自身がもたねばなりません。STAP細胞に関して言えば，組織的な隠蔽工作の可能性があることも否定できません。まるで日本中がいじめに加担しているようにも見えます。人類のために研究していた人に対して，あまりに無情すぎる仕打ちだと思います。子どもたちには「あれでは小保方さんはかわいそうだなあ。」という表現で伝えるとよいでしょう。何せ未だに何ら断罪された訳ではないのですから。裁判で刑が確定するまでは無実であり，一切の差別的な処遇は受けないということもあわせて伝えることができるといいですね。

◆ 保護者に伝えたいポイント

　毎日テレビから流れてくるいろんな情報を鵜呑みにしてしまってはならないことを伝えたいですね。少なからず保護者もまたマスコミの偏った情報に何の疑いももっていないことが考えられます。情報の捉え方もまた教育の対象になり得ることもきっちり伝えていきたいものです。

一部の情報だけを信じるのは危険	○年△組 学級だより □月☆日発行

◆現在ある芸能人のスキャンダルが毎日のように報道されています。大人も子どもたちもその芸能人に対して「何か良くないことをした。」などという意識を抱いているはずです。しかし，よく考えてみると，その芸能人の方は何ら罪を犯した訳ではありません。基本的に民事事案の場合，関与している人たちのプライバシーは守られるべきものです。しかし，マスコミはそのようなことはお構いなしにプライバシーを暴き続けています。我々もその状況に疑問を抱かずにそれらの断片的な情報だけをもとに特定の人への偏ったイメージを作り上げています。

◆STAP細胞の小保方さんへの偏見ももうすっかり出来上がっています。彼女の著書出版に対しても，「この期に及んで往生際が悪い。」「今さらなんの釈明だ！」という意見が多いそうです。これも考えてみれば非常におかしい話です。手記を読めば分かりますが，彼女には十分な釈明の機会は与えられていません。記者会見しても多くの場合，歪んだ事実が伝えられていることが分かります。彼女は研究を個人で行った訳ではありません。理研という組織の中で研究を進めていたのです。ところがそのトップに何らお咎めはありません。こんなことは会社でも公務員でもあり得ません。組織員の責任は上の者がとるのは常識だからです。ところが今回の件では小保方さんに全責任を転嫁しようという策略が行われたのではないか？そういう見方はできなかったのか？その検証が必要だと思いました。

◆片方だけの意見を全面的に信頼し，小保方さん側の意見は歪曲して伝えられているかもしれません。情報の受け手には冷静な判断力が必要だといえるでしょう。

子どもたちをさらに高めまとめる

68 子どもたちをさらに高めまとめる
学習へのモチベーションを高める

😖 こんな時に……

日々繰り返される授業の中で，どうしてもモチベーションは落ちていきます。ただただ「消化試合」的に授業が進んでいるなあと感じた時は要注意です。何のために勉強をするのか？この問いに対し，子どもたちのモチベーションを上げるような話のレパートリーをたくさんもちましょう。

♥ 子どもへの指導の意図

ここでは，「相手には100％自分の思いを伝えることは不可能に近い。」という考えを前提にして話します。その意味では相手の気持ちなど分かるはずがないのです。でも，人が誰かと関わり合って生きていく限り，何とかしてそのパーセンテージを限りなく100％に近づけていく努力が必要です。ではそのためには何が有効か？それが勉強なのです。広い意味で言うと「知識と表現方法をともに身につける」ことで，誰かとよきコミュニケーションを築くことができるのです。一つの答えとしてそれを伝えることで，日々の授業を頑張ってほしいものです。

◆ 保護者に伝えたいポイント

保護者の多くはとにかく「勉強はやらなければいけないもの。我慢してやりなさい。」と子どもたちに発破をかけていることでしょう。それはある意味正しい方法なのですが，いつもうるさく強制的に説教されていると誰だって嫌になりますよね？そんなこともあるので，教師が子どものみならず親に対しても一つの答えを示していくことは，最終的に子どもたちに納得して勉強してもらうために大切なことです。

勉強するのは相手の気持ちを理解し行動するため

○年△組
学級だより
□月☆日発行

◆同じ問いを以前にもしたことがあるかもしれません。でも今日はあの時とは違った考え方を書きます。今回の勉強とはまさに多くの子どもたちが想像するであろう「勉強」像そのものです。例えば漢字練習であったり，読書であったり，文章題であったり，調べ学習などであります。
◆共通点がありますね。何か分かりますか？そう，文字を書き，読み，考え，自分の思いを伝えること。つまり「コミュニケーション」の力なのです。これらは「勉強は苦手」と思っている人には苦役となります。できるならやりたくない，やっても適当に雑にしてしまおう，などと現実から逃げてしまうことが多いことでしょう。
◆でも，なぜそれらの「面倒くさい勉強をするのか？」と問われたら，今の私は次のように答えます。

> **相手の気持ちを理解し行動できる力を身につけるため**

◆相手が何を考えているのかは，表からは分かりにくいです。表情に出やすい人はまだいいのですが，表情と気持ちは必ずしも一致しません。ですから，相手が何を考えているのかを推しはかるには，ある道具を使うしかないのです。それは「言葉」です。言葉は「書き」，「読み」，「話し」，「聞く」の大きく4つのルートで相手に伝わります。
◆悲しい思いをしている友達がいたらどれだけの悲しみなのか全力で想像してあげたい。そう願うのなら，本をたくさん読み，文章を書き，聞き，たくさん話すことです。その気になれば毎日の授業でいくらでも可能です。読書も文章題もスピーチも，最終的には周りの人を幸せにすることに繋がるのです。勉強はそのためにあるのです。だからこそ日々の勉強を大事にしましょう。

69 子どもたちをさらに高めまとめる
子どもの心を鼓舞する

😣 こんな時に……

　勉強やスポーツなどに取り組んでいると，そのしんどさからどうしても「もうこのくらいでいいか？」と途中でやめてしまいがちです。しかし，時には限界を超えるべく努力する経験もまた大切です。どうしても弱気になって諦めてしまいがちな心をどのように鼓舞すればよいのでしょうか？

♥ 子どもへの指導の意図

　人間は限界を作る生き物であるということを伝えましょう。明日も生きていかねばならないから，人はエネルギーを温存しがちなのです。エネルギーの際限ない使用は体力を消耗してしまいます。限界を作ることは人間が生きていく上では当然の防衛本能なのです。実は「頑張る」というのはその限界に挑むということなのです。ですから当然苦痛が伴います。しかしその苦痛を乗り越えた所に確実な成長があるのです。そうして少しずつ人間は能力を高めていくのですね。子どもたちには「時には苦痛を乗り越えて，成長していくことも大切だよ。」と伝えてあげましょう。

♦ 保護者に伝えたいポイント

　あまり否定的な言葉で叱られ続けていると，子どもも大人も「自分はこんなものだ。」と落ち込んで，モチベーションが低下してしまうものです。時にはほめてあげるとともに，「あなたには大きな可能性があるのだから，時には歯を食いしばって頑張ってみたら？」と励ましてあげてほしいものです。ダメ出しも時には有効ですが，それ一辺倒にならないように気をつけてほしいことを伝えられるといいですね。

人は限界を作る生き物

○年△組 学級だより
□月☆日発行

◆子どもたちとある映画の一部を見ました。『フェイシング・ザ・ジャイアント』（巨人との直面）というアメリカの高校アメフト部での話です。舞台となった高校のアメフト部は弱小チームでしたが，ある日新しいコーチが赴任してくるのです。

◆この中のワンシーン。仲間を背負って四つんばいで歩くというトレーニングがあります。負荷の高い「恐怖のトレーニング」です。

◆コーチはキャプテンを指名し，このトレーニングの手本を示すように促します。「人を背負わなければ20メートルはいけます。」というキャプテンには構わず，コーチは彼に目隠しをしてこのトレーニングを行うように指示します。そして「ただベストを尽くすとだけ誓え。」とだけ言います。キャプテンはしぶしぶ返事をしてトレーニングを開始します。

◆20メートルも行ったあたりでキャプテンは「もうどれくらい？もう終わり？」と必死になって聞いてきます。でもコーチはその問いには何も答えず「何も考えるな。ベストを尽くせ！お前はまだまだいける！」とだけ大きな声をかけ続けます。やがてキャプテンは限界に達したのか「もうダメだ。腕が焼けるようだ！」と弱音を吐き続けます。でもコーチは「まだあと少しだ。ただただ進め！あと20歩だ！」と声をかけ続けます。

◆遂に力つきて地面につっぷしたままのキャプテンに対し，コーチは言います。「見ろ！お前はエンドゾーンにいるぞ！」つまり20メートルどころか，約100メートルも進むことができたのです。

◆人間は自分を守るために「限界」を設定して行動します。でも，時にはその限界を超える挑戦をする経験も必要です。「しんどい」という言葉は「限界」を超えようとしている時に発せられる言葉なのかもしれませんね。

70 子どもたちをさらに高めまとめる

恋愛のそわそわを鎮める〜バレンタイン直前〜

😖 こんな時に……

　子どもたちには「人を好きになる気持ちはそっとしまっておくもの。」と話をしています。しかし，バレンタインデーの直前になればやはり好きな相手のことで心は一杯になり，言動がそわそわしはじめるものです。それは自然なことなのかもしれませんね。しかし，やはり「人を好きになる」素敵な心を誰かに伝えるとなるとそれ相応の覚悟がいることを指導しましょう。

♥ 子どもへの指導の意図

　「誰かを好きになっても，その思いはそっと胸の中にしまっておくものです。」と指導していても，やはり押さえきれない気持ちってありますよね。そうして「告白」して一喜一憂する姿もほほえましいものですが，時にそのまま険悪なムードになってしまうこともよくあります。そこで，相手に自分の思いを告白するなら，「あなたのことは嫌い！」と言われても構わないか？相手のその気持ちも好きになれるか？人を好きになるとはそういうことだよ，と教えてあげましょう。そして潔くその場は身を引く。覚悟がないのなら，安易に告白するのはやめておきなさい，と諭しましょう。失恋の美学です。

◆ 保護者に伝えたいポイント

　もし失恋でわが子が落ち込んでいたら，上述した内容で慰めてあげてほしいですね。わが子が人を好きになるというのは正常な成長を遂げている証拠です。思春期の揺れ動く心を親も教師もどっしりと受け止めてあげたいものです。

人を好きになるということは相手を大切にしたいと願うこと

○年△組 学級だより
□月☆日発行

◆バレンタインデーの直後ということで子どもたちがフワフワしているのが分かります。いろいろな「ドラマ」があったことでしょうね。それはそれで大切な経験になることでしょう。

◆しかし「プライバシーのことをあれこれ言われるので困っている」という訴えがいくつかありましたので，良いチャンスだと思い話をすることにしました。子どもたちには既に4月頃，「人を好きなる気持ちは生きていく上でとっても大切だけど，それをこれ見よがしに人に見せびらかしたり，人のことをあれこれ詮索したりするのは破廉恥なことです。お風呂に入ったりトイレに行ったりすることは生きていく上でとても大切なことですが，人には見せるものではないし，ましてや覗くものではありませんよね。そんなことをするのは痴漢と同じです。」と話してあります。

◆このたびは，「君たちの年代で誰かを好きになったら，その大切な思いはそっと胸の中にしまっておくもの。」と話しました。好きな人にその思いを伝えたいと願うのは当然のことかもしれませんが，相手が自分のことも好きであるという保障はどこにもありません。「嫌い！」と言われるかもしれません。だから人を好きになることはとっても素敵なことだけど，それを表現するには相当の覚悟がいるのです。生半可に決してふざけ半分に言うことではありません。ましてや誰か他の友達のことを中途半端な気持ちで噂するなどもっての他なのです。

◆自分のことを嫌いと言われてもしつこく自分の気持ちばかり押しつけていると，それはストーカーと同じです。自分の気持ちだけが可愛いのです。そんなものは恋愛でも何でもありません。自己中心的な思いに過ぎないのです。いいですか。人を好きになるということはとっても「大切」なことです。だからこそ自分のことも友達のことも決して軽んじてはならないのです。

子どもたちをさらに高めまとめる

71 子どもたちをさらに高めまとめる
喧嘩を見守る

😖 こんな時に……

　喧嘩が起こった時などに。喧嘩は教師にとってやはりできれば起きてほしくないものです。でも，子どもたちは未熟ですから，日々いろんな摩擦を起こしていろんな思いをもち，ため込み，遂に爆発してしまうのでしょうね。負の感情吐露は見ていて恐ろしいものではありますが，しかし人間が生きていく上ではきっと必要なことなのでしょうね。では喧嘩が起こった時にどのようなお話をすればいいのでしょうか？

♥ 子どもへの指導の意図

　これからの人生の中で子どもたちは数々の喧嘩をしていくことでしょう。殴り合いに発展するかもしれませんし，単なる口喧嘩で終わることもあるでしょう。しかし，喧嘩の多くはお互いの適切な距離感を確かめるためにはどうしても通らねばならない道なのです。その道を迂回しているだけでは，将来望ましい人間関係が構築できないかもしれませんね。だからもし喧嘩になったら，まずは心を落ち着かせて，仲直りする努力をしましょう。先生が入ることもありますけど，入らないで解決できたら素敵ですね。それは大人の手を借りずにあなたたち自身でよき人間関係を築くことができた成長の証なのですから。

◆ 保護者に伝えたいポイント

　子どもの成長の過程で喧嘩はあって当たり前であること，喧嘩を通して子どもたちは，これから出会う人たちとの適切な距離感を掴んでいくこと，そこに親が口出しすれば確実に子どもたちの成長の芽を摘むことを伝えたいですね。いろんなトラブルを動揺することなく見守ってあげられる大人でありたいものです。

| 自分たちで仲直りができるのは素敵 | ○年△組 学級だより □月☆日発行 |

- ◆さてここ数日，下学年の子どもたちが喧嘩している姿をよく見かけます。周りの子どもたちが「先生！喧嘩してるよ！」と教えてくれることもありますし，私がその場をたまたま通りかかることもあります。たいがい腹を立てた子が誰かに掴みかからんばかりの勢いで怒鳴っています。周囲では友達とおぼしき子らが見守ったり，止めに入ったりしています。10年前の私ならすぐに止めに入ったことでしょう。でも今は余程深刻な状況（放っておくと明らかに怪我に繋がりそうな状況）でない限り，しばらく見守ることにしています。「先生！止めないのですか？」などと言ってくる子もいますが，「ああ，大丈夫だよ！」と言って笑って見ています。なぜなら多くの場合，そのうちに怒っていた子が泣き出して，別の子がその子を優しく介抱する状況になるからです。

- ◆一生懸命遊んでいて，だからこそ頭に血が上ってカーッとなって喧嘩になる。子どもの頃にはよくあることです。また誰にでも経験のあることです。でも人間，怒りはいつまでも持続しません。そのうちに力が抜けて，気がついたら冷静になっているものです。泣き出す子の心理が私にはよく分かるのです。素敵なのはその周りの子たちが，ちゃんと喧嘩した双方の仲間のことをしっかりフォローしている姿でした。教師が口出ししなくても，子どもたちはそのような経験の中で確実に感情のコントロールや喧嘩の後始末の方法を学んでいるのです。

- ◆必要なら冷静になったあとにしっかり話を聞いてあげればよいのです。交通整理をしてあげればよいのです。大人が下手に先回りして，そのチャンスを奪っていないか？自戒したいと思っています。その昼休みの終わりには，さきほど取っ組み合いの喧嘩をしていた子どもたちが仲良く鬼ごっこをしていました。下学年の子どもたちの姿にある種の逞しさを感じたひとときでした。

72 子どもたちをさらに高めまとめる

命の大切さを教える

😫 こんな時に……

　毎年幾度となく小中学生の自殺が報じられます。いじめや体罰など原因は様々ですが，遠い場所での出来事なので，詳しいことも分からず，どうしても他人事になってしまいがちです。しかし，決して彼らの死を無駄にしてはいけません。そうでなければあまりに悲しすぎます。このような報道があった時にこそ教え子に熱いメッセージを贈りたいものです。

♥ 子どもへの指導の意図

　子どもたちには新聞やテレビの報道から判明している事件の経緯を説明します。そして「どう思いますか？」と問うてみましょう。きっといじめや体罰に対する怒りの意見が出されることでしょう。それらは「うんうん」と認めてあげればよい。しかし，最後にこう言いましょう。「どんなに悲しくても，苦しくても，絶対に死ぬな！私が必ずなんとかしてあげるから。黙って勝手に大切な命を粗末にするな！」死ぬ気になればたいがいのことは何とかなる。生きていれば守ってあげられる。そんなメッセージを熱く贈りたいですね。

◆ 保護者に伝えたいポイント

　このような報道があった時は，教師が日頃からどのような生命観を持っているか伝えるチャンスです。生命観とは，表現は違えども最終的には「死ぬな！」ということです。子どもたちが生き延びるためになら大人は何をしてでも助けるから！そんな思いを保護者ともども伝えていきましょう。

何があっても死ぬな！

○年△組
学級だより
□月☆日発行

◆広島で中学生が自殺したというニュースを見ました。万引きしていないのに「した」と引き継がれ，高校の推薦を受けられなかったことがその原因ではないかと報じられていました。その高校生のご冥福をお祈りします。

◆事実はまだ明らかになっていないので，軽々しく何かを語るべきではないのですが，誤解を覚悟で率直な私見を述べると，「簡単に死んではいけない！」ということです。もし仮にあらぬ疑いをかけられ，希望校へ入れなかったとして，そしてそのためにどれ程大きな精神的苦痛を受けたとしても，決して軽々しく死を選んではいけないと思います。

◆高校に入ることが人生の目的ではありません。例え高校に入れなかったとしても他に生きていく方法はたくさんあったはずです。一度しかない人生をそう簡単に捨ててはならないのです。

◆間もなく卒業するみんなに言います。これから先の人生できっと多くの辛さや悲しみに出会うことだと思います。立ち上がれないほどの失敗，分かり合えない悲しさ，自分は正しいのに間違っていると決めつけられるような悔しさ……。でもそれは多くの人間が，生きている限り必ずと言っていいほど出会う理不尽の数々なのです。それらと出会った時は思い切り泣けばいいし，悔しがればいいし，落ち込んでもいいのです。そうして涙が枯れた後に，必ず次の一歩を踏み出すのです。そうして人間は強く逞しくなっていくのです。「間違っても世の中はバラ色の事ばかりだなんて思うな！困難に向き合うほど人は重くなり，ぶつかり合うたびに強くなっていくのですよ。」人生はそういうものだと分かった時，人間は大きな成長を遂げることができるのです。それは人生を半世紀生きてきた私の実感でもあります。

73 子どもたちをさらに高めまとめる
下学年のお世話から学ばせる

😖 こんな時に……

　下学年のお世話などをした時に。高学年になると下学年や時には就学前の子どもたちのお世話をしなければならない時があります。どんなやんちゃな子どもたちでも，小さな子どもたちの相手をする時はとても良い表情をしていることが多いものです。こんな時，ともすれば「私たちがお世話をしてあげた」という意識になりがちですが，それではあまりに傲慢過ぎます。このようなチャンスに子どもたちに教えたいことがあります。

♥ 子どもへの指導の意図

　下学年へのお世話はもちろんのこと，身体が不自由な方への援助など，子どもたちにできることはたくさんあります。まずは何かを「してあげる」というスタンスでも構わないでしょう。しかし，何かを施した後に振り返りの場をもつならば，一つの価値観の転換を図りたいものです。それは以前にも書きましたが「何かをしてあげたということは，相手から何かをいただいたということ」です。「あなたたちは今日，下学年の子どもたちから何か学んだことはありませんか？」と聞いてみましょう。きっと「人に対する心遣いはどうあるべきか考えさせられた」という意見が出されることでしょう。出なければこちらから提示すればいいのです。子どもたちはきっと精神的に成長してくれるはずです。

◆ 保護者に伝えたいポイント

　子どもたちが下学年の世話をしている様子は保護者にとってもわが子の成長を見るようで嬉しいものでしょう。そこにできれば「成長できたということは何かをいただいたからだ」という考えを伝えていけたらいいですね。謙虚に生きていくことの大切さを，通信を通じて伝えていけるチャンスです。

「やりがい」をいただく

○年△組
学級だより
□月☆日発行

◆今年一年間，子どもたちは様々な機会に下学年の子たちと関わり合ってきました。縦割り活動や掃除時間，給食時間，登下校などがそうです。色んな先生方から「６年生の子たちが頑張っていましたよ。」とおほめの言葉をいただきます。給食の調理員さんからは「学期の給食最終日に『ありがとうございます。』とお礼を言ってもらったのは初めてです。」とも言われます。朝の校内清掃や秋の落ち葉掃きでは「さすがは高学年です。素晴らしいお手本です。」と校長先生や教頭先生にもほめてくださいます。

◆最高学年としてそのようにほめてもらえることは確かに嬉しいのですが，ここで考え方を少し変えてください。そのようにほめられる行為は見ていて本当に格好いいし，美しいものです。でも，自分がそのような素敵な姿でいられたのは，誰のお蔭でしょうか？下学年の人や調理員さんがいてくださったお蔭で，そのような美しい生き方ができたわけです。つまり，私たちはそのような美しい行為で，誰かに何かをしてあげているのではなく，結果としてたくさんのかけがえのないものをいただいているのですね。

◆人のために尽くすというのは，実は相手の人から逆にたくさんの素晴らしいものをいただくということです。世の中には様々な職業があります。もちろんお金を稼いで生活をしたり，家族を養うという目的も大切です。でも，やり甲斐というのは決してお金だけでは充足できないものです。自分のやっていることが，仕事が誰かの幸せに繋がっていると実感できた時，その人にとってその職業は初めてやりがいのある生業となるのでしょう。学校ではたくさんのやりがいを感じられるチャンスがあります。掃除や給食時間はもとより，休み時間もまたそうです。

◆いじめられている子，ひとりぼっちでいる子に優しく声を掛けられる人というのは，まさに英雄だとは思いませんか？彼らはたくさんの人からたくさんの力をもらって逞しく，強くなっていったのでしょうね。

子どもたちをさらに高めまとめる

学級の解散を告げる

😖 こんな時に……

1年間の最終日に。長いようで短かった1年間も必ず終わりを告げます。最後の最後に子どもや保護者に伝えることといえば感謝の気持ちになるでしょう。そして担任自身の学級経営の振り返りとともに，子どもたちについた力はどのようなものなのかを言語化し，次へのステップのはなむけとしたいものです。

♥ 子どもへの指導の意図

私は1年間子どもたちに「自らを磨く力」と「他を思いやる」力をつけたいと思って日々の指導を行ってきました。ですから，最後の最後に，子どもたちにどんな場面でどんな力がついたかを言語化したいと思っています。また，子どもたちにはこれからの人生，常に感謝の気持ちを忘れずに生きていくことをきっちり教えたいですね。そうして最後の最後に，1年間自分を信じてついてきてくれた子どもたちと，担任に任せてくれた保護者への感謝の言葉をきっちり述べましょう。

◆ 保護者に伝えたいポイント

この1年間指導してきたことは，当然教師の「子どもをこう育てたい＝哲学」に帰結されるはずです。ですから子どもたちが実際にどのような姿を見せるまでに成長してくれたかを言葉にして伝えましょう。そして何より1年間担任を信じて任せてくださったことに感謝して最後を締めくくりましょう。

きみたちは成長した！

○年△組
学級だより
□月☆日発行

◆4月6日にスタートした私たちのクラスは明日解散します。明日は自分の言葉でメッセージを伝えたいので，学級通信はこれを最後にしたいと思います。

◆今年1年間を振り返って思うのは，子どもたちは他の人への思いやりの大切さを理解し，行動してくれたと思っています。体育館を使った後はすぐに電気を消しにいったり，窓を閉めたりしてくれます。朝に配付予定のプリントを置いておくと何も言わなくても配ってくれます。掲示物があるとさっと気づいて貼ってくれます。給食は全員で協力して準備し，全員で片づけます。落ち葉掃きや朝掃除などのボランティアがあったら嫌な顔ひとつせず駆けつけて頑張ってくれます。誰かが筆箱を落としたらすぐに周りの子が拾ってくれます。前に出されたノートが乱雑になっていたら綺麗に整えてくれます。そんなさり気ないけど素敵な行動力をもった人がこのクラスにはたくさんいます。勉強ももちろん大切ですが，学校生活を通じてこのような力を身につけてくれた人がたくさんいてくれることがとても嬉しいです。

◆なぜなら，人のために動けることを喜びと感じられることほど幸せなことはないからです。きっとみなさんは将来たくさんの人を大切にしていけることでしょう。確信しています。自信をもって中学校でも活躍してくださいね。またいつか成長したみなさんに会えることを楽しみにしています！

◆最後に。何度もみなさんに言ってきましたが，今日まで生きてこられたことを当たり前と思わず，ここまで支えてくれた方々に感謝の心を持ち続けてください。中学校へいくと，今よりもはるかに体力も学力もつき，大人にどんどん近づいていきます。多くの場合ここで勘違いをしてしまいます。「自分一人でここまで大きくなった！」のだと。それは大きな間違いです。常に感謝の心を持ち続けてください。そうして与えられた力を精一杯伸ばしていくこと。それが支えてくださった方々への恩返しなのですよ。

【著者紹介】

土作　彰（つちさく　あきら）

1965年大阪府八尾市生まれ。
1990年より奈良県の小学校教員となる。初任者の時に学級が上手くいかず，打開策を求めて全国のセミナー行脚を始める。10年目までとにかく授業ネタの収集に明け暮れるが，何かが足りないと気づく。
2001年に群馬の元小学校教師深澤久氏の学級を参観し衝撃を受ける。以来，教師に必要な「哲学」論を研究。
「子どもを伸ばしてこそ教師」とアツく情熱的な指導を続けてきている。

【主要著書】

『情熱－燃えるレッドの学級づくり　全力で子どもを伸ばす！クラス担任術』（明治図書）
『絶対に学級崩壊させない！ここ一番の「決めゼリフ」』（明治図書）
『絶対に学級崩壊させない！先手必勝「決めゼリフ」』（明治図書）ほか

学級経営サポートBOOKS
保護者・子どもの心に響かせる！
声に出して読みたい学級通信の「いいお話」

2017年10月初版第1刷刊　Ⓒ著　者　土　作　　彰
2022年1月初版第9刷刊
　　　　　　　　　　　　発行者　藤　原　光　政
　　　　　　　　　　　　発行所　明治図書出版株式会社
　　　　　　　　　　　　　　　　http://www.meijitosho.co.jp
　　　　　　　　　　（企画）佐藤智恵（校正）川﨑満里菜・川村千晶
　　　　　　　　　　〒114-0023　東京都北区滝野川7-46-1
　　　　　　　　　　振替00160-5-151318　電話03(5907)6703
　　　　　　　　　　　　　　　ご注文窓口　電話03(5907)6668

＊検印省略　　　　　組版所　株式会社　カ　シ　ヨ

本書の無断コピーは，著作権・出版権にふれます。ご注意ください。

Printed in Japan　　　　　　　　　ISBN978-4-18-092019-8
もれなくクーポンがもらえる！読者アンケートはこちらから→